Wörterbuch Qualitätsmanagement
Dictionary of Quality Management

D1671522

Klaus Graebig

Wörterbuch Qualitätsmanagement

Normgerechte Definitionen mit Übersetzungen
Zweisprachig Deutsch – Englisch

Dictionary of Quality Management

Standard Definitions with Translations
Bilingual English – German

1. Auflage/1st edition 2006

Herausgeber/Published by:
DIN Deutsches Institut für Normung e. V.

Herausgeber: DIN Deutsches Institut für Normung e. V.

© 2006 Beuth Verlag GmbH
Berlin · Wien · Zürich
Burggrafenstraße 6
10787 Berlin

Telefon: +49 30 2601-0
Telefax: +49 30 2601-1260
Internet: www.beuth.de
E-Mail: info@beuth.de

© 2006 WEKA MEDIA GmbH & Co. KG
Römerstraße 4, D-86438 Kissing
Fon +49.82 33.23-40 03
Fax +49.82 33.23-74 00
kundenservice@weka.de
www.weka.de

Umschlaggestaltung: Beuth Verlag unter Verwendung einer Zeichnung
                    von Lucie Graebig
Satz: B & B Fachübersetzer GmbH
Druck: Mercedes-Druck GmbH
Gedruckt auf säurefreiem, alterungsbeständigem Papier nach DIN 6738

ISBN 10: 3-410-16050-7,
ISBN 13: 978-3-410-16050-2 · Beuth Verlag GmbH
ISBN 10: 3-8276-1510-0,
ISBN 13: 978-3-8276-1510-7 · WEKA Media GmbH

Inhalt

Seite

Über den Autor. VI
Vorwort. VII

1   Einführung 1
1.1 Was ist das Besondere an diesem
      Wörterbuch? 1
1.2 Grundlage des Wörterbuchs 1
1.3 Hinweise zur Benutzung 3

2   Deutsch – Englisch,
      mit Definitionen und Erläuterungen 5

3   Englisch – Deutsch,
      nur Benennungen. 119

4   Normzeichen 139

5   Literaturhinweise 141

Contents

Page

About the author VI
Preface. VII

1   Introduction 1
1.1 About this dictionary 1

1.2 Scope of the dictionary 1
1.3 How to use the dictionary 3

2   German – English,
      with definitions and explanations . . 5

3   English – German,
      terms only. 119

4   Abbreviations relating to
      standardization 139

5   Bibliography. 141

Über den Autor

Dipl.-Ing. Klaus Graebig, Jahrgang 1954,
blickt auf eine langjährige Tätigkeit im
Qualitätsmanagement und in der Statistik
zurück. Er kennt sowohl die theoretischen
Grundlagen durch seine Mitwirkung in
den betreffenden internationalen und
deutschen Normungsgremien als auch die
praktische Anwendung und die Sprachge-
wohnheiten in den Unternehmen aus der
internen Sicht und als externer Auditor.
Ergänzend bringt er seine unternehmens-
philosophischen Erfahrungen ein.

About the author

Klaus Graebig, born in 1954, can look
back on a long career in statistics and
quality management. He is familiar with
the theoretical principles in these fields
thanks to his active involvement in the
German and international standards
committees. At the same time, as depart-
mental head, auditor and consultant, he
is well acquainted with the language and
practices of organizations. The book also
incorporates the author's own philosophi-
cal experience with companies.

Vorwort

Die Herausgabe eines Wörterbuchs zum Qualitätsmanagement ist eine interessante Herausforderung. Die Leser erwarten verständlicherweise Vollständigkeit, jedoch ist es oft Ermessenssache, welchen Begriff man als zugehörig zum Qualitätsmanagement ansehen will und welchen nicht. Um auf diesem schwankenden Boden einen einigermaßen sicheren Stand zu erreichen, habe ich Kriterien aufgestellt, die in der Einführung aufgeführt sind.

Um darüber hinaus das Wörterbuch benutzerorientiert weiterentwickeln zu können, bitte ich die Leser um Mitwirkung: Wenn Sie Begriffe in diesem Buch vermissen, teilen Sie mir diese mit. Auch alle anderen Stellungnahmen nehme ich gerne entgegen.

Preface

Publication of a dictionary on quality management is not without its risks. The reader expects to find an exhaustive compilation, yet it is often a question of personal interpretation as to whether or not a concept belongs in the field of quality management. In order to gain a somewhat firmer footing on this shaky ground, I have based my choice of concepts on a number of criteria. These are outlined in the Introduction.

To make the dictionary even more attuned to the needs of its users, it would be greatly appreciated if readers would inform me of any entries missing from the book. I should also be interested in receiving any other comments you may have.

1 Einführung

1.1 Was ist das Besondere an diesem Wörterbuch?

Um diese Frage zu beantworten, sollte man zuerst einen Blick auf die herkömmlichen Wörterbücher werfen. Sie lassen sich in zwei Arten einteilen:

- Die Wort-Übersetzungsbücher:
  Diese enthalten Benennungen, das heißt Wörter oder Namen in zwei oder mehr Sprachen, um Übersetzungen zu ermöglichen. Sie enthalten keine oder fast keine Erklärungen oder Definitionen zu den Benennungen. Meistens lässt sich jedoch eine Benennung erst dann richtig einordnen und somit auch korrekt übersetzen, wenn der Inhalt ausreichend genau festgelegt ist.

- Die erklärenden Bücher:
  Diese enthalten Benennungen und dazu jeweils Erklärungen, die zum Beispiel die Form von Definitionen, Anmerkungen und Beispielen haben können. Sie sind in der Regel einsprachig, so dass sie nicht unmittelbar für Übersetzungen verwendbar sind, sondern allenfalls als ergänzende Information unterstützend wirken können.

Das vorliegende Buch verbindet die Vorteile und vermeidet die Nachteile der beiden genannten Arten von Wörterbüchern, denn es enthält jede Benennung und jeweils die zugehörige Erklärung in den beiden Sprachen Deutsch und Englisch.

1.2 Grundlage des Wörterbuchs

Der Anlass für die Herausgabe des Wörterbuchs liegt darin, dass es beim Qualitätsmanagement im nationalen und internationalen Verkehr oft uneinheitlichen Sprachgebrauch gibt, der zu Verständigungsschwierigkeiten führt. Zur Beschreibung und Anwendung der Terminologie stehen zahlreiche Werke verschiedener Autoren zur Verfügung. Diese Autoren verwenden jedoch — ungeachtet ihrer guten fachlichen Qualifikation — häufig unterschiedliche Worte für dieselbe Sache. Hier setzt eine der typischen Aufgaben der nationalen und internationalen Normung ein,

1 Introduction

1.1 About this dictionary

To demonstrate what makes this dictionary so special, it would seem appropriate to present an overview of conventional dictionaries. These can be divided into two main types:

- Conventional bilingual or multilingual dictionaries:
  These give terms or names in two or more languages and are intended as an aid to translation work. They seldom include definitions or explanations of terms. However, only few terms are self-explanatory, and a correct translation of a term is often only possible if its content and context are sufficiently clear.

- Encyclopaedic dictionaries:
  These contain terms and explanatory information in the form of definitions, notes, examples, etc. As such dictionaries are usually monolingual, they do not provide direct translations but at the most offer supplementary information.

This book has the advantages of the above two types while avoiding the drawbacks. Each term is given in both English and German, and each is accompanied by an explanation in both languages.

1.2 Scope of the dictionary

The language used in quality management both nationally and internationally is often inconsistent and frequently gives rise to communication problems. A great number of compilations of terminology by various authors are available. However (and irrespective of the excellence of their professional qualifications), different authors often use different words to describe the same thing. This is where one of the typical tasks of national and international standardization comes in: the establishment of standard terminology. Two core principles of the standardization process

nämlich die Vereinheitlichung der Terminologie. Dabei gehört es zu den wichtigen Regeln des Normungsverfahrens, dass alle interessierten Kreise mitwirken können, und dass Konsens aller Mitwirkenden erreicht werden soll. Derart gebildete Begriffe können dem Anspruch gerecht werden, sich über alle Besonderheiten zu erheben, wie sie branchenbezogen, regional, durch den persönlichen Geschmack oder aus anderen Gründen bestehen.

Um diesen Vorteil der Normung in handlicher Form zur Geltung zu bringen und zugleich die aktuelle Situation im Umfeld des Qualitätsmanagements zu bedenken, liegen der Auswahl der in diesem Wörterbuch enthaltenen Begriffe folgende Kriterien zu Grunde:

- Der Schwerpunkt liegt im Qualitätsmanagement.

- Branchenbezogene Begriffe, wie zum Beispiel zum Software-Qualitätsmanagement, oder solche, die sich auf andere spezielle Managementaspekte beziehen, wie zum Beispiel Umweltmanagement oder Arbeitsschutzmanagement, sind nicht Bestandteil dieses Wörterbuchs.

- Einige Begriffe aus Bereichen, die das Qualitätsmanagement unterstützen und dabei branchen- und fachübergreifend sind, wurden mit aufgenommen, zum Beispiel zur Statistik und zur Messtechnik.

- Um die wachsende Bedeutung neuer Orientierungen der Unternehmensführung, wie zum Beispiel Ethik, zu reflektieren, ist eine Auswahl diesbezüglicher Begriffe enthalten.

- Wo immer möglich wurden nur Begriffe aus normativen Dokumenten, das heißt insbesondere Normen oder zum Beispiel auch Verordnungen, aufgenommen und wörtlich zitiert. Nur Rechtschreibfehler wurden gelegentlich stillschweigend berichtigt. Das Wörterbuch erhält so eine objektive Basis.

- In seltenen Ausnahmefällen, wenn wichtige Begriffe in normativen Dokumenten nicht zu finden waren, habe ich andere Quellen herangezogen oder Begriffe im Einklang mit dem üblichen Sprachgebrauch selbst formuliert.

are to encourage the involvement of all stakeholders and to aim at a general consensus. Concepts developed in this way can claim to rise above the particular, being neither sector-related nor dependent on regional bias or personal taste.

In order to combine the benefits of a standardized terminology with manageability of form while fully considering the quality management context, concepts have been selected according to the following criteria.

- The emphasis is on quality management.

- Concepts restricted to certain sectors (such as software quality management) or relating to other specific aspects of management (such as environmental management or occupational health and safety management) are not dealt with.

- A number of terms are included from areas indirectly associated with quality management that are common to various disciplines and sectors, such as statistics and metrology.

- A number of concepts have been included to reflect the growing importance of new approaches in corporate management (such as ethics).

- Wherever possible, only concepts from normative documents (especially standards but also regulations, for example) are included. These are quoted verbatim (with only the occasional spelling mistake being tacitly corrected).

- In exceptional cases (when important concepts were not to be found in normative documents), I have drawn on other sources or given my own definitions of concepts in accordance with common linguistic usage.

1.3 Hinweise zur Benutzung

Der Abschnitt 3 enthält Benennungen und dazu Definitionen und weitere Erklärungen sowie in eckigen Klammern die Quellenhinweise. Gelegentlich ist den zitierten Texten eine Anmerkung des Autors hinzugefügt, die dann hinter dem Quellenhinweis steht. Alle Einträge sind hier alphabetisch anhand der deutschen Benennungen geordnet.

Der Abschnitt 4 enthält nur Benennungen. Sie sind alphabetisch anhand der englischen Benennungen geordnet. Die Definitionen, Erklärungen und Quellenhinweise können im Abschnitt 3 nachgeschlagen werden. Sie werden aus Platzgründen im Abschnitt 4 nicht wiederholt.

Es gibt Quellenhinweise folgender Arten:

- „aus ...": Der Eintrag ist in deutscher Sprache unmittelbar der Quelle entnommen worden.

- „from ...": Der Eintrag ist in englischer Sprache unmittelbar der Quelle entnommen worden.

- „übersetzt aus ...": Der Eintrag ist in englischer Sprache der Quelle entnommen und ins Deutsche übersetzt worden.

- „translated from ...": Der Eintrag ist in deutscher Sprache der Quelle entnommen und ins Englische übersetzt worden.

- „Definition des Autors": Die Definition hat der Autor erstellt.

- „definition by the author": Die Definition hat der Autor erstellt.

- „entsprechend ...": Die Benennung entstammt wörtlich der Quelle. Die Definition findet sich nicht wörtlich in der Quelle, weil dort keine Definition zu der Benennung dazu existiert. Der Autor hat die Definition aber aus der Quelle im dortigen Sinn abgeleitet.

- „in accordance with ...": Die Benennung entstammt wörtlich der Quelle. Die Definition findet sich nicht wörtlich in der Quelle, weil dort keine Definition zu der Benennung dazu existiert. Der Autor hat die Definition aber aus der Quelle im dortigen Sinn abgeleitet.

1.3 How to use the dictionary

Clause 3 contains terms and definitions, but also further explanations and [in square brackets] reference sources. Occasionally, the cited texts will also include an author's note after the reference source. The entries are listed in alphabetical order of the German terms.

Clause 4 contains a list of terms from English to German, arranged alphabetically according to the English term. The definitions, explanations and reference sources can then be found by referring to clause 3.

Reference sources are identified as follows:

- "aus ...": The entry has been taken directly from the German source.

- "from ...": The entry has been taken directly from the English source.

- "übersetzt aus ...": The entry has been taken directly from the English source and translated into German.

- "translated from ...": The entry has been taken directly from the German source and translated into English.

- "Definition des Autors": The concept has been defined by the author.

- "definition by the author": The concept has been defined by the author.

- "entsprechend ...": The exact wording of the term has been taken from the source. However, the definition has been derived by the author on the basis of the source, as no established definition was available.

- "in accordance with ...": The exact wording of the term has been taken from the source. However, the definition has been derived by the author on the basis of the source, as no established definition was available.

2 Deutsch — Englisch, mit Definitionen und Erläuterungen

2 German — English, with definitions and explanations

Abfall
Produkt, dessen sich sein Besitzer entledigt, entledigen will oder entledigen muss.

[aus E DIN 55350-11:2004-03]

Waste
Product which the holder disposes of, or wants to or must dispose of.

[translated from E DIN 55350-11:2004-03]

Ablieferungsprüfung
Annahmeprüfung vor Ablieferung des Produkts.

[aus DIN 55350-17:1988-08]

Pre-delivery inspection
Acceptance inspection performed before the product is delivered.

[translated from DIN 55350-17:1988-08]

Abnahmeprüfung
Annahmeprüfung auf Veranlassung und unter Beteiligung des Abnehmers oder seines Beauftragten.

[aus DIN 55350-17:1988-08]

Acceptance inspection
Quality inspection performed upon the request and with the participation of the purchaser or his representative.

[translated from DIN 55350-17:1988-08]

Abnahmeprüfzertifikat
Qualitätsprüf-Zertifikat anhand eines auftragsbezogenen Prüfergebnisses, ausgestellt von einem Prüfbeauftragten, der vom Hersteller unabhängig ist.

[aus DIN 55350-18:1987-07]

Acceptance inspection certificate
Quality inspection certificate issued on the basis of a specific inspection result by an authorized inspector not employed by the producer.

[translated from DIN 55350-18:1987-07]

Abnahmeprüfzertifikat M
Abnahmeprüfzertifikat mit Angabe von festgestellten Merkmalswerten zu den speziellen Qualitätsmerkmalen, wobei der Prüfbeauftragte ein Abnehmer-Prüfbeauftragter ist.

[aus DIN 55350-18:1987-07]

Acceptance inspection certificate M
Acceptance inspection certificate in which the values determined for the specific quality characteristics are stated and which is issued by a purchaser-authorized inspector.

[translated from DIN 55350-18:1987-07]

Abnahmeprüfzertifikat MS
Abnahmeprüfzertifikat mit Angabe von festgestellten Merkmalswerten zu den speziellen Qualitätsmerkmalen, wobei der Prüfbeauftragte ein Sachverständiger ist.

[aus DIN 55350-18:1987-07]

Acceptance inspection certificate MS
Acceptance inspection certificate in which the values determined for the specific quality characteristics are stated and which is issued by an expert appointed to carry out the inspection.

[translated from DIN 55350-18:1987-07]

Abnahmeprüfzertifikat O
Abnahmeprüfzertifikat ohne Angabe von festgestellten Merkmalswerten, wobei der Prüfbeauftragte ein Abnehmer-Prüfbeauftragter ist.

[aus DIN 55350-18:1987-07]

Acceptance inspection certificate O
Acceptance inspection certificate in which the values determined for the quality characteristics are not stated and which is issued by a purchaser-authorized inspector.

[translated from DIN 55350-18:1987-07]

Abnahmeprüfzertifikat OS
Abnahmeprüfzertifikat ohne Angabe von festgestellten Merkmalswerten, wobei der Prüfbeauftragte ein Sachverständiger ist.

[aus DIN 55350-18:1987-07]

Acceptance inspection certificate OS
Acceptance inspection certificate in which the values determined for the quality characteristics are not stated and which is issued by an expert appointed to carry out the inspection.

[translated from DIN 55350-18:1987-07]

Abnehmer-Prüfbeauftragter
Vom Abnehmer oder Auftraggeber benannter und in seinem Auftrag handelnder Prüfbeauftragter.

[aus DIN 55350-18:1987-07]

Purchaser-authorized inspector
An inspector appointed by the purchaser or client to act on his behalf.

[translated from DIN 55350-18:1987-07]

Abnehmerrisiko
<Annahmestichprobenprüfung>
Wahrscheinlichkeit der Annahme, wenn die Qualitätslage einen Wert hat, der laut Annahmestichprobenplan nicht zufrieden stellend ist.

[übersetzt aus ISO/DIS 3534-2:2004-06]

Consumer's risk; CR
<acceptance sampling>
Probability of acceptance when the quality level has a value stated by the acceptance sampling plan as unsatisfactory.

[from ISO/DIS 3534-2:2004-06]

Abweichung
Allgemein:

Unterschied zwischen einem Merkmalswert oder einem dem Merkmal zugeordneten Wert und einem Bezugswert.

Bei einem qualitativen Merkmal:

Merkmalswert oder ein dem Merkmal zugeordneter Wert minus Bezugswert.

[aus DIN 55350-12:1989-03]

Deviation
General:

Difference between a characteristic value, or a value attributed to a characteristic, and a reference value.

For a qualitative characteristic:

Characteristic value or value attributed to a characteristic minus the reference value.

[translated from DIN 55350-12:1989-03]

Abweichung

<Audit>

Nichterfüllung oder nicht ausreichende Erfüllung einer gültigen Anforderung.

[Definition des Autors]

Finding

<audit>

Non-fulfilment or insufficient fulfilment of a valid requirement.

[definition by the author]

Abweichungsgenehmigung

Vor der Realisierung eines Produkts erteilte Erlaubnis, von ursprünglich fest-gelegten Anforderungen an das Produkt abzuweichen.

[aus DIN EN ISO 9000:2005]

Deviation permit

Permission to depart from the originally specified requirements of a product prior to realization.

[from ISO 9000:2005]

Adaptive Qualitätsregelkarte

Qualitätsregelkarte, die zur Schätzung der Weiterentwicklung des Prozesses Vorhersagemodelle benutzt und die Kor-rektur quantifiziert, die erforderlich ist, um Abweichungen des Prozesses in vorgege-benen Grenzen zu halten.

[aus DIN 55350-33:1993-09]

Adaptive control chart

Control chart which uses prediction mod-els to estimate the further development of a process, and to quantify the correc-tions needed to keep any deviations within specified limits.

[translated from DIN 55350-33:1993-09]

Akkreditierte Stelle

Stelle, der eine Akkreditierung erteilt wurde.

[aus DIN EN 45020:1998-07]

Accredited body

Body to which accreditation has been granted.

[from EN 45020:1998]

Akkreditierung

<allgemein>

Verfahren, nach dem eine autorisierte Stelle die formelle Anerkennung erteilt, dass eine Stelle oder Person kompetent ist, bestimmte Aufgaben auszuführen.

[aus DIN EN 45020:1998-07]

Accreditation

<general>

Procedure by which an authoritative body gives formal recognition that a body or person is competent to carry out specific tasks.

[from EN 45020:1998]

Akkreditierung

<für Konformitätsbewertungsstellen>

Bestätigung durch eine dritte Seite, die formal darlegt, dass eine Konformitäts-bewertungsstelle die Kompetenz besitzt, bestimmte Konformitätsbewertungsaufga-ben durchzuführen.

[aus DIN EN ISO/IEC 17000:2005-03]

Accreditation

<for conformity assessment bodies>

Third-party attestation related to a conformity assessment body conveying formal demonstration of its competence to carry out specific conformity assess-ment tasks.

[from ISO/IEC 17000:2004-11]

Akkreditierungsbereich
Bestimmte Konformitätsbewertungstätig-
keiten, für die die Akkreditierung bean-
tragt oder erteilt wurde.

[aus DIN EN ISO/IEC 17011:2005-02]

Scope of accreditation
Specific conformity assessment services
for which accreditation is sought or has
been granted.

[from ISO/IEC 17011:2004-09]

Akkreditierungskriterien
Anforderungen, die von einer Akkreditierungsstelle angewendet werden und von
einer Konformitätsbeurteilungsstelle zu
erfüllen sind, um akkreditiert zu werden.

[aus DIN EN 45020:1998-07]

Accreditation criteria
Set of requirements that is used by an
accreditation body, to be fulfilled by a
conformity assessment body in order to
be accredited.

[from EN 45020:1998]

Akkreditierungsstelle
Befugte Stelle, die Akkreditierungen
durchführt.

[aus DIN EN ISO/IEC 17000:2005-03]

Accreditation body
Authoritative body that performs accreditation.

[from ISO/IEC 17000:2004-11]

Akkreditierungsstellenlogo
Logo, das von einer Akkreditierungsstelle
zur eigenen Identifizierung verwendet
wird.

[aus DIN EN ISO/IEC 17011:2005-02]

Accreditation body logo
Logo used by an accreditation body to
identify itself.

[from ISO/IEC 17011:2004-09]

Akkreditierungssymbol
Symbol, das durch eine Akkreditierungsstelle vergeben wird und durch eine
akkreditierte Konformitätsbewertungsstelle verwendet wird, um deren Akkredi-
tierungsstatus zu identifizieren.

[aus DIN EN ISO/IEC 17011:2005-02]

Accreditation symbol
Symbol issued by an accreditation body
to be used by accredited CABs to indicate
their accredited status.

[from ISO/IEC 17011:2004-09]

Akkreditierungssystem
System, das seine eigenen Verfahrens-
und Verwaltungsregeln für die Durchführung einer Akkreditierung hat.

[aus DIN EN 45020:1998-07]

Accreditation system
System that has its own rules of procedure and management for carrying out
accreditation.

[from EN 45020:1998]

Akkreditierungsurkunde

Formales Dokument oder Satz von Dokumenten, das/der angibt, dass die Akkreditierung für den definierten Bereich erteilt wurde.

[aus DIN EN ISO/IEC 17011:2005-02]

Accreditation certificate

Formal document or a set of documents, stating that accreditation has been granted for the defined scope.

[from ISO/IEC 17011:2004-09]

Allgemeine Ursache

Siehe: Zufällige Ursache; Allgemeine Ursache.

Anbieter

<Zertifizierung>

Die Seite, die verantwortlich ist sicherzustellen, dass die Produkte den Anforderungen, auf denen die Zertifizierung beruht, entsprechen und, wenn anwendbar, fortlaufend entsprechen.

[aus DIN EN 45011:1998-03]

Supplier

<certification/registration>

The party that is responsible for ensuring that products meet and, if applicable, continue to meet, the requirements on which the certification is based.

[from ISO/IEC Guide 65:1996]

Anbieter

<QM-System>

Die Seite, die für das Erzeugnis, das Verfahren oder die Dienstleistung verantwortlich und in der Lage ist sicherzustellen, dass ein Qualitätsmanagementsystem angewendet wird.

Die Definition kann auf Hersteller, Lieferanten, Importeure, Montagebetriebe, Dienstleistungsunternehmen usw. angewendet werden.

[aus DIN EN 45012:1998-03]

Supplier

<quality management system>

The party that is responsible for the product, process or service and is able to ensure that quality assurance is exercised.

This definition may apply to manufacturers, distributors, importers, assemblers, service organizations etc.

[from ISO/IEC Guide 62:1996]

Anbietererklärung

Verfahren, nach dem ein Anbieter schriftlich bestätigt, dass ein Produkt, ein Prozess oder eine Dienstleistung mit festgelegten Anforderungen konform ist.

[aus DIN EN 45020:1998-07]

Supplier's declaration

Procedure by which a supplier gives written assurance that a product, process or service conforms to specified requirements.

[from EN 45020:1998]

Änderungslenkung

Aktivitäten zur Lenkung des Produkts nach formeller Genehmigung der dazugehörigen Produktkonfigurationsangaben.

[aus DIN ISO 10007:2004-12]

Change control

Activities for control of the product after formal approval of its product configuration information.

[from ISO 10007:2003]

Änderungsmuster

Muster nach einer Änderung der Fertigungseinrichtungen, der Fertigungsverfahren oder der Fertigungsbedingungen.

[aus DIN 55350-15:1986-02]

Model (prototype) after alteration

Model (prototype) after an alteration has been made to the production equipment, process or conditions.

[translated from DIN 55350-15:1986-02]

Anerkennung; Anerkennung der Ergebnisse von Konformitätsbewertungen

Akzeptieren der Gültigkeit eines Konformitätsbewertungsergebnisses, das von einer anderen Person oder Stelle vorgelegt wird.

[aus DIN EN ISO/IEC 17000:2005-03]

Recognition; Recognition of conformity assessment results

Acknowledgement of the validity of a conformity assessment result provided by another person or body.

[from ISO/IEC 17000:2004-11]

Anerkennungsvereinbarung

Vereinbarung, die auf der Akzeptanz von Ergebnissen durch eine Seite beruht, die von einer anderen Seite vorgelegt werden und sich aus der Anwendung eines oder mehrerer bezeichneter funktioneller Elemente(s) eines Konformitätsbeurteilungssystems ergeben.

[aus DIN EN 45020:1998-07]

Recognition arrangement

Agreement that is based on the acceptance by one party of results, presented by another party, from the implementation of one or more designated functional elements of a conformity assessment system.

[from EN 45020:1998]

Anforderung

Erfordernis oder Erwartung, das oder die festgelegt, üblicherweise vorausgesetzt oder verpflichtend ist.

[aus DIN EN ISO 9000:2005]

Requirement

Need or expectation that is stated, generally implied or obligatory.

[from ISO 9000:2005]

Angebotsprodukt

Produkt, das eine Organisation zur Erreichung ihrer Ziele für externe Organisationen oder Personen vorsieht.

[aus E DIN 55350-11:2004-03]

Offered product

Product which an organization intends for external organizations or persons in order to reach its goals.

[translated from E DIN 55350-11:2004-03]

Annahme
Feststellung, dass die Kriterien für die
Annehmbarkeit des Prüfloses erfüllt sind.

[aus DIN 55350-31:1985-12]

Acceptance
Conclusion that an inspected lot fulfills the
criteria for acceptability.

[translated from DIN 55350-31:1985-12]

Annahmebilanz
Für Stichprobenanweisungen mit ge-
brochener Annahmezahl angewendetes
Anzeigemerkmal, um die Annehmbarkeit
von Prüflosen zu ermitteln.

[aus DIN ISO 2859-1:2004-01]

Acceptance score
Indicator that is used for fractional acceptance number plans to determine lot
acceptability.

[from ISO 2859-1:1999]

Annahmegrenze
Eingriffsgrenze in einer Annahmequalitätsregelkarte.

[aus DIN 55350-33:1993-09]

Acceptance control limit; ACL
Control limit for an acceptance control
chart.

[translated from DIN 55350-33:1993-09]

Annahmeprüfung
Qualitätsprüfung zur Feststellung, ob ein
Produkt wie bereitgestellt oder geliefert
annehmbar ist.

[aus DIN 55350-17:1988-08]

Acceptance inspection
Quality inspection performed to determine
the acceptability of a product that is delivered or offered for delivery.

[translated from DIN 55350-17:1988-08]

Annahmequalitätsregelkarte
Qualitätsregelkarte, die in erster Linie
dafür vorgesehen ist zu beurteilen, ob von
dem eingetragenen Maß erwartet werden
kann, dass es festgelegte Toleranzen
einhält.

[übersetzt aus ISO/DIS 3534-2:2004-06]

Acceptance control chart
Control chart intended primarily to evaluate whether or not the plotted measure
can be expected to satisfy specified
tolerances.

[from ISO/DIS 3534-2:2004-06]

Annahmestichprobenprüfung
Qualitätsprüfung anhand einer oder mehrerer Stichproben zur Beurteilung eines
Prüfloses nach einer Stichprobenanweisung.

[aus DIN 55350-31:1985-12]

Acceptance sampling inspection
Quality inspection performed using one or
more samples to evaluate an inspection
lot on the basis of a sampling plan.

[translated from DIN 55350-31:1985-12]

Annahmewahrscheinlichkeit

Wahrscheinlichkeit, mit der ein Prüflos aufgrund einer Stichprobenanweisung angenommen wird.

[aus DIN 55350-31:1985-12]

Probability of acceptance

Probability that an inspection lot will be accepted on the basis of a sampling plan.

[translated from DIN 55350-31:1985-12]

Annahmezahl

In Stichprobenanweisungen zur Attribut-prüfung festgelegte höchste Anzahl fehler-hafter Einheiten oder festgelegte höchste Anzahl von Fehlern in den Stichproben, bei denen das Prüflos angenommen wird.

[aus DIN 55350-31:1985-12]

Acceptance number

In sampling plans for inspection by at-tributes, the highest specified number of nonconforming items or defects found in a sample that permits the acceptance of the lot.

[translated from DIN 55350-31:1985-12]

Annehmbare Qualitätsgrenzlage; AQL

Schlechteste hinnehmbare Qualitätslage eines (Realisierungs-)Prozesses für eine fortlaufende Serie von Prüflosen, die für eine Annahmestichprobenprüfung vorge-stellt werden.

[aus DIN ISO 2859-1:2004-01]

Acceptance quality limit; AQL

Quality level that is the worst tolerable process average when a continuing series of lots is submitted for acceptance sampling.

[from ISO 2859-1:1999]

Anspruchsklasse

Kategorie oder Rang, die oder der den verschiedenen Qualitätsanforderungen an Produkte, Prozesse oder Systeme mit demselben funktionellen Gebrauch zugeordnet ist.

[aus DIN EN ISO 9000:2005]

Grade

Category or rank given to different quality requirements for products, processes or systems having the same functional use.

[from ISO 9000:2005]

Anteil fehlerhafter Einheiten in Prozent

<in einer Stichprobe>

Das Hundertfache der Anzahl fehlerhafter Einheiten in der Stichprobe, geteilt durch den Stichprobenumfang, nämlich

$$100 \frac{d}{n}$$

Dabei ist:

d die Anzahl fehlerhafter Einheiten in der Stichprobe;

n der Stichprobenumfang.

[aus DIN ISO 2859-1:2004-01]

Percent nonconforming

<in a sample>

One hundred times the number of non-conforming items in the sample divided by the sample size, viz:

$$\frac{d}{n} \times 100$$

where

d is the number of nonconforming items in the sample;

n is the sample size.

[from ISO 2859-1:1999]

Antragsteller
Person oder Organisation, die nach einem Produkt sucht und die für die Herausgabe der Spezifikation der funktionalen Leistungsmerkmale für dieses Produkt im Hinblick auf seinen Kauf oder Erwerb und Gebrauch durch die Person bzw. Organisation selbst oder durch andere verantwortlich ist.

[aus DIN EN 1325-1:1996-11]

Enquirer
Person or organisation in search of a product and who is responsible for issuing the Functional Performance Specification, with a view to its purchase or requisition and use by itself or by others.

[from EN 1325-1:1996-09]

Antragsteller
<Konformitätsbewertung>
Stelle, die Gegenstand der Begutachtung unter Gleichrangigen ist.

[aus DIN EN ISO/IEC 17040:2005-04]

Applicant
<conformity assessment>
Body that is to be the object of the peer assessment process.

[from ISO/IEC 17040:2005-01]

AOQ
Siehe: Durchschlupf; AOQ.

AOQL
Siehe: Maximaler Durchschlupf; AOQL.

AQL
Siehe: Annehmbare Qualitätsgrenzlage; AQL.

Arbeitsanweisung
Detaillierte Beschreibung, wie eine Aufgabe auszuführen und aufzuzeichnen ist.

[übersetzt aus ISO/TR 10013:2001]

Work instructions
Detailed descriptions of how to perform and record tasks.

[from ISO/TR 10013:2001]

Arbeitsumgebung
Satz von Bedingungen, unter denen Arbeiten ausgeführt werden.

[aus DIN EN ISO 9000:2005]

Work environment
Set of conditions under which work is performed.

[from ISO 9000:2005]

ARL
Siehe: Mittlere Reaktionsdauer; ARL.

Attributprüfung
Annahmestichprobenprüfung, bei der anhand der Anzahl der fehlerhaften Einheiten oder der Fehler in den einzelnen Stichproben die Annehmbarkeit des Prüfloses festgestellt wird.

[aus DIN 55350-31:1985-12]

Inspection by attributes
Acceptance sampling inspection performed to determine the acceptability of an inspection lot on the basis of the number of nonconforming items or defects in a sample.

[translated from DIN 55350-31:1985-12]

Audit

<allgemein>

Systematischer, unabhängiger und do-
kumentierter Prozess zur Erlangung von
Auditnachweisen und zu deren objektiver
Auswertung, um zu ermitteln, inwieweit
Auditkriterien erfüllt sind.

ANMERKUNG 1   Interne Audits, manchmal auch „Erstparteien-Audits" genannt,
werden von der Organisation selbst oder
in ihrem Auftrag für eine Managementbewertung und andere interne Zwecke
durchgeführt. Sie können die Grundlage
für eine Konformitätserklärung einer Organisation bilden. In vielen Fällen, insbesondere bei kleinen Organisationen, kann die
Unabhängigkeit dargelegt werden durch
die Freiheit von Verantwortung für die zu
auditierenden Tätigkeiten.

ANMERKUNG 2   Externe Audits schlie-
ßen ein, was allgemein „Zweit-" oder
„Drittparteien-Audits" genannt wird.
Zweitparteien-Audits werden von Parteien, die ein Interesse an der Organisation haben, wie z. B. Kunden, oder von
Personen in deren Auftrag durchgeführt.
Drittparteien-Audits werden von externen
unabhängigen Organisationen durchgeführt, wie zum Beispiel denjenigen, die
eine Registrierung oder Zertifizierung der
Konformität mit ISO 9001 oder ISO 14001
bieten.

[aus DIN EN ISO 9000:2005]

Audit

<general>

Systematic, independent and documented
process for obtaining audit evidence and
evaluating it objectively to determine the
extent to which audit criteria are fulfilled.

NOTE 1   Internal audits, sometimes
called first-party audits, are conducted
by, or on behalf of, the organization itself
for management review and other internal
purposes, and may form the basis for an
organization's declaration of conformity. In many cases, particularly in smaller
organizations, independence can be demonstrated by the freedom from responsibility for the activity being audited.

NOTE 2   External audits include those
generally termed second- and third-party
audits. Second-party audits are conducted by parties having an interest in the
organization, such as customers, or by
other persons on their behalf. Third-party
audits are conducted by external, independent auditing organizations, such as
those providing certification/registration
of conformity to ISO 9001 or ISO 14001.

[from ISO 9000:2005]

Audit

<Konformitätsbewertung>

Systematischer, unabhängiger, doku-
mentierter Prozess zur Erlangung von
Aufzeichnungen, Darlegungen von Fakten
oder anderen relevanten Informationen
und deren objektiver Begutachtung, um zu
ermitteln, inwieweit festgelegte Anforderungen erfüllt sind.

[aus DIN EN ISO/IEC 17000:2005-03]

Audit

<conformity assessment>

Systematic, independent, documented
process for obtaining records, statements
of fact or other relevant information and
assessing them objectively to determine
the extent to which specified requirements
are fulfilled.

[from ISO/IEC 17000:2004-11]

Auditauftraggeber

Organisation oder Person, die ein Audit
anfordert.

[aus DIN EN ISO 9000:2005]

Audit client

Organization or person requesting an
audit.

[from ISO 9000:2005]

Auditfeststellung

Ergebnisse der Beurteilung der zusammengestellten Auditnachweise gegen Auditkriterien.

[aus DIN EN ISO 9000:2005]

Audit findings

Results of the evaluation of the collected audit evidence against audit criteria.

[from ISO 9000:2005]

Auditierte Organisation

Organisation, die auditiert wird.

[aus DIN EN ISO 9000:2005]

Auditee

Organization being audited.

[from ISO 9000:2005]

Auditkriterien

Satz von Vorgehensweisen, Verfahren oder Anforderungen.

[aus DIN EN ISO 9000:2005]

Audit criteria

Set of policies, procedures or requirements.

[from ISO 9000:2005]

Auditnachweis

Aufzeichnungen, Tatsachenfeststellungen oder andere Informationen, die für die Auditkriterien zutreffen und verifizierbar sind.

[aus DIN EN ISO 9000:2005]

Audit evidence

Records, statements of fact or other information which are relevant to the audit criteria and verifiable.

[from ISO 9000:2005]

Auditor

Person mit den dargelegten persönlichen Eigenschaften und der Kompetenz, ein Audit durchzuführen.

[aus DIN EN ISO 9000:2005]

Auditor

Person with the demonstrated personal attributes and competence to conduct an audit.

[from ISO 9000:2005]

Auditplan

Beschreibung der Tätigkeiten und Vorkehrungen für ein Audit.

[aus DIN EN ISO 9000:2005]

Audit plan

Description of the activities and arrangements for an audit.

[from ISO 9000:2005]

Auditprogramm

Satz von einem oder mehreren Audits, die für einen spezifischen Zeitraum geplant werden und auf einen spezifischen Zweck gerichtet sind.

[aus DIN EN ISO 9000:2005]

Audit programme

Set of one or more audits planned for a specific time frame and directed towards a specific purpose.

[from ISO 9000:2005]

Auditschlussfolgerung

Ergebnis eines Audits, welches das Audit-team nach Erwägung der Auditziele und aller Auditfeststellungen geliefert hat.

[aus DIN EN ISO 9000:2005]

Audit conclusion

Outcome of an audit provided by the audit team after consideration of the audit objectives and all audit findings.

[from ISO 9000:2005]

Auditteam

Ein oder mehrere Auditoren, die ein Audit durchführen, nötigenfalls unterstützt durch Sachkundige.

[aus DIN EN ISO 9000:2005]

Audit team

One or more auditors conducting an audit, supported if needed by technical experts.

[from ISO 9000:2005]

Auditumfang

Ausmaß und Grenzen eines Audits.

[aus DIN EN ISO 9000:2005]

Audit scope

Extent and boundaries of an audit.

[from ISO 9000:2005]

Auftragsbezogenes Prüfergebnis

... Prüfergebnis, erzielt an Produkten, die zum Auftrag gehören.

[aus DIN 55350-18:1987-07]

Specific inspection result

... inspection result obtained for the products ordered.

[translated from DIN 55350-18:1987-07]

Aufzeichnung

Dokument, das erreichte Ergebnisse angibt oder einen Nachweis ausgeführter Tätigkeiten bereitstellt.

[aus DIN EN ISO 9000:2005]

Auch: Qualitätsaufzeichnung.

Record

Document stating results achieved or providing evidence of activities performed.

[from ISO 9000:2005]

Also: Quality record.

Ausfall

Beendigung der Fähigkeit einer Einheit, eine geforderte Funktion zu erfüllen.

[aus Internationales Elektrotechnisches Wörterbuch, Kapitel 191:1995]

Failure

The termination of the ability of an item to perform a required function.

[from IEC 50 (191):1990]

Ausfallabstand

Dauer zwischen zwei aufeinander folgen-den Ausfällen einer instand zu setzenden Einheit.

[aus Internationales Elektrotechnisches Wörterbuch, Kapitel 191:1995]

Time between failures

The time duration between two consecutive failures of a repaired item.

[from IEC 50 (191):1990]

Ausfalleffektanalyse
Gleichbedeutend mit: Fehlzustandsart-
und Auswirkungsanalyse; FMEA

Ausreißer
Ein Wert unter einer Serie von Werten, der
mit den anderen Werten dieser Serie nicht
verträglich ist.

[aus DIN ISO 5725-1:1997-11]

Outlier
A member of a set of values which is
inconsistent with the other members of
that set.

[from ISO 5725-1:1994]

Ausschuss
Fehlerhaftes Produkt, für das Verschrottung vorgesehen ist.

[aus E DIN 55350-11:2004-03]

Reject
Nonconforming product which will be
scrapped.

[translated from E DIN 55350-11:2004-03]

Aussetzung
<Konformitätsbewertung>
Vorübergehendes Außerkraftsetzen der
Konformitätsaussage für den gesamten
festgelegten Geltungsbereich der Bestätigung oder für Teile davon.

[aus DIN EN ISO/IEC 17000:2005-03]

Suspension
<conformity assessment>
Temporary invalidation of the statement of
conformity, for all or part of the specified
scope of attestation.

[from ISO/IEC 17000:2004-11]

Aussetzung der Akkreditierung
Prozess, eine Akkreditierung zeitweise,
entweder völlig oder für einen Teil des
Akkreditierungsbereiches, für ungültig zu
erklären.

[aus DIN EN ISO/IEC 17011:2005-02]

Suspending accreditation
Process of temporarily making an accreditation invalid, in full or for part of the
scope of accreditation.

[from ISO/IEC 17011:2004-09]

Auswahlsatz
Stichprobenumfang dividiert durch den
Umfang der Grundgesamtheit oder
Teilgesamtheit, aus der die Stichprobe
entnommen ist.

[aus DIN 55350-14:1985-12]

Sampling fraction
Sample size divided by the size of the
population, or subpopulation, from which
the sample is taken.

[translated from DIN 55350-14:1985-12]

Auswahleinheit
Einheit, die für den Zweck der Probenahme gebildet und während der Probenahme als unteilbar angesehen wird.

[aus DIN 55350-14:1985-12]

Sampling item
Item introduced for sampling purposes
and regarded as indivisible during the
sampling process.

[translated from DIN 55350-14:1985-12]

Auswahlprüfung

Qualitätsprüfung an Zufallsstichproben mit Entnahmehäufigkeiten und Stichprobenumfängen, die wesentlich bestimmt sind durch die Kenntnis der bisher ermittelten Qualität sowie der Ungleichmäßigkeiten und Fehlerrisiken bei der Realisierung der Einheit.

[aus DIN 55350-17:1988-08]

Selective inspection

Quality inspection of random samples with sample frequencies and sample sizes that are determined primarily on the basis of the previously determined quality, as well as on any irregularities occurring during production and on the known risk of nonconformities.

[translated from DIN 55350-17:1988-08]

Balkendiagramm

Graphische Darstellung einer Häufigkeitsverteilung eines Nominalmerkmals, die aus einem Satz von Rechtecken gleicher Breite besteht, deren Höhe der Häufigkeit proportional ist.

[übersetzt aus ISO/DIS 3534-1:2004-07]

Bar chart

Graphical representation of a frequency distribution of a nominal property consisting of a set of rectangles of uniform width with height proportional to frequency.

[from ISO/DIS 3534-1:2004-07]

Bauartprüfung; Typprüfung; Baumusterprüfung

Konformitätsprüfung auf der Grundlage eines oder mehrerer, für die Produktion repräsentativer Muster eines Produkts.

[aus DIN EN 45020:1998-07]

Type testing

Conformity testing on the basis of one or more specimens of a product representative of the production.

[from EN 45020:1998]

Bauartzulassung; Typzulassung

Zulassung auf der Grundlage einer Bauartprüfung (Typprüfung, Baumusterprüfung).

[aus DIN EN 45020:1998-07]

Type approval

Approval based on type testing.

[from EN 45020:1998]

Baumusterprüfung

Siehe: Bauartprüfung; Typprüfung; Baumusterprüfung.

Beauftragter der obersten Leitung; QMB; QM-Beauftragter

Durch die oberste Leitung benanntes Leitungsmitglied, das, unabhängig von anderen Verantwortungen, auch folgende Verantwortungen und Befugnisse hat:

a) sicherzustellen, dass die für das Qualitätsmanagementsystem erforderlichen

Management representative

A member of the management appointed by the top management who, irrespective of other responsibilities, shall have responsibility and authority that includes

a) ensuring that processes needed for
    the quality management system are

Prozesse eingeführt, verwirklicht und aufrechterhalten werden,

established, implemented and maintained,

b) der obersten Leitung über die Leistung des Qualitätsmanagementsystems und jegliche Notwendigkeit für Verbesserungen zu berichten und

b) reporting to top management on the performance of the quality management system and any need for improvement, and

c) die Förderung des Bewusstseins über die Kundenanforderungen in der gesamten Organisation sicherzustellen.

c) ensuring the promotion of awareness of customer requirements throughout the organization.

[entsprechend DIN EN ISO 9001:2000-12]

[in accordance with ISO 9001:2000-12]

Bedürfnis
Was für den Nutzer notwendig ist oder von ihm gewünscht wird.

[aus DIN EN 1325-1:1996-11]

Need
What is necessary for or desired by the user.

[from EN 1325-1:1996-09]

Begutachter
Person, die durch eine Akkreditierungsstelle beauftragt ist, allein oder als Teil eines Begutachtungsteams eine Begutachtung einer Konformitätsbewertungsstelle durchzuführen.

[aus DIN EN ISO/IEC 17011:2005-02]

Assessor
Person assigned by an accreditation body to perform, alone or as part of an assessment team, an assessment of a CAB.

[from ISO/IEC 17011:2004-09]

Begutachtung
Prozess, den eine Akkreditierungsstelle unternimmt, um die Kompetenz einer Konformitätsbewertungsstelle auf der Grundlage bestimmter Normen und/oder anderer normativer Dokumente und für einen definierten Akkreditierungsbereich zu bewerten.

[aus DIN EN ISO/IEC 17011:2005-02]

Assessment
Process undertaken by an accreditation body to assess the competence of a CAB, based on particular standard(s) and/or other normative documents and for a defined scope of accreditation.

[from ISO/IEC 17011:2004-09]

Begutachtung unter Gleichrangigen
Evaluierung einer Stelle hinsichtlich festgelegter Anforderungen durch Vertreter anderer Stellen in einer oder Kandidaten für eine Übereinkommensgruppe.

[aus DIN EN ISO/IEC 17040:2005-04]

Peer assessment
Assessment of a body against specified requirements by representatives of other bodies in, or candidates for, an agreement group.

[from ISO/IEC 17040:2005-01]

Beherrschter Prozess; Stabiler Prozess

Prozess, der (bezüglich seiner Variabilität) nur zufälligen Ursachen unterliegt.

[aus E DIN ISO 21747:2004-09]

Stable process; Process in a state of statistical control

Process subject only to random causes.

[from ISO/DIS 21747:2003-08]

Beherrschtes Prozessmerkmal

Prozessmerkmal, bei dem sich die Parameter der Verteilung der Merkmalswerte praktisch nicht oder nur in bekannter Weise oder in bekannten Grenzen ändern.

[aus E DIN 55350-11:2004-03]

Stable process characteristic

Process characteristic for which the parameters of the distribution of characteristic values do not change, or only change in a known manner or within known limits.

[translated from E DIN 55350-11:2004-03]

Belegmuster

Muster zur Ermöglichung einer späteren Feststellung von Merkmalswerten.

[aus DIN 55350-15:1986-02]

Reference sample; Proof sample

Model (prototype) for which characteristic values can be determined at a later time.

[translated from DIN 55350-15:1986-02]

Bemessungswert

Für vorgegebene Anwendungsbedingungen vorgegebener Wert eines quantitativen Merkmals, der von dem festgelegt wird, der die Qualitätsforderung an die Einheit festlegt.

[aus DIN 55350-12:1989-03]

Design value

For given conditions of use, the predetermined value of a quantitative characteristic, which has been specified by the person or organization laying down the quality requirements of the item.

[translated from DIN 55350-12:1989-03]

Benchmarking

Vergleich der Leistung der Organisation mit der Leistung anderer Organisationen zum Zweck der Beurteilung und Verbesserung der eigenen Leistung.

[Definition des Autors]

Benchmarking

Comparison of an organization's performance with that of another organization in order to evaluate and improve one's own performance.

[definition by the author]

Benennende Behörde

Staatliche Stelle oder staatlich ermächtigte Stelle, die Konformitätsbewertungsstellen benennt, ihre Benennung aussetzt oder widerruft oder die Aussetzung aufhebt.

[aus DIN EN ISO/IEC 17000:2005-03]

Designating authority

Body established within government or empowered by government to designate conformity assessment bodies, suspend or withdraw their designation or remove their suspension from designation.

[from ISO/IEC 17000:2004-11]

Benennung

\<von Konformitätsbewertungsstellen\>
Hoheitliche Ermächtigung einer Konformitätsbewertungsstelle, festgelegte Kon-
formitätsbewertungstätigkeiten durchzuführen.

[aus DIN EN ISO/IEC 17000:2005-03]

Designation

\<of conformity assessment bodies\>
Governmental authorization of a conformity assessment body to perform specified
conformity assessment activities.

[from ISO/IEC 17000:2004-11]

Berater für Qualitätsmanagement-systeme

Person, die die Organisation bei der Realisierung ihres QM-Systems oder eines
Teils davon unterstützt, wobei sie Rat-
schläge oder Informationen gibt.

[übersetzt aus ISO/FDIS 10019:2004-09]

Quality management system consultant

Person who assists the organization on
quality management system realization,
giving advice or information.

[from ISO/FDIS 10019:2004-09]

Beratung

\<Konformitätsbewertung\>
Beteiligung an einer Tätigkeit einer Konformitätsbewertungsstelle, die Gegenstand der Akkreditierung ist.

[aus DIN EN ISO/IEC 17011:2005-02]

Consultancy

\<conformity assessment\>
Participation of an accreditation body in
any of the activities of a specific CAB.

[from ISO/IEC DIS 17011:2002]

Beschaffenheit

Gesamtheit der inhärenten Merkmale
einer Einheit sowie der zu diesen Merkmalen gehörenden Merkmalswerte.

[aus E DIN 55350-11:2004-03]

Constitution

Totality of the inherent characteristics of
an item, as well as the values for these
characteristics.

[translated from E DIN 55350-11:2004-03]

Beschaffungsangaben

Beschaffungsangaben müssen das zu be-
schaffende Produkt beschreiben. Soweit
angemessen, enthalten diese

a) Anforderungen zur Genehmigung von
   Produkten, Verfahren, Prozessen und
   Ausrüstung,

b) Anforderungen an die Qualifikation
   des Personals und

c) Anforderungen an das Qualitätsmanagementsystem.

[aus DIN EN ISO 9001:2000-12]

Purchasing information

Purchasing information shall describe the
product to be purchased, including where
appropriate

a) requirements for approval of product,
   procedures, processes and equipment,

b) requirements for qualification of per-
   sonnel, and

c) quality management system requirements.

[from ISO 9001:2000-12]

Beschwerde

Ausdruck der Unzufriedenheit, der eine
Antwort erwartet — jedoch in anderem
Sinne als Einspruch — durch jede Person
oder jede Organisation gegenüber einer
Konformitätsbewertungsstelle oder Akkreditierungsstelle bezüglich der Tätigkeiten
dieser Stelle.

[aus DIN EN ISO/IEC 17000:2005-03]

Complaint

Expression of dissatisfaction, other than
appeal, by any person or organization to a
conformity assessment body or accreditation body, relating to the activities of that
body, where a response is expected.

[from ISO/IEC 17000:2004-11]

Besondere Ursache

Quelle einer Streuung, die über die Pro-
zesseigenstreuung hinausgeht.

[aus E DIN ISO 21747:2004-09]

Special cause

Source of variation over and above inherent variation in a process.

[from ISO/DIS 21747:2003-08]

Bestätigung

<Konformitätsbewertung>
Erstellen einer Konformitätsaussage auf
der Grundlage einer Entscheidung, die der
Bewertung folgt, dass die Erfüllung festgelegter Anforderungen dargelegt wurde.

[aus DIN EN ISO/IEC 17000:2005-03]

Attestation

<conformity assessment>
Issue of a statement, based on a decision
following review, that fulfilment of specified requirements has been demonstrated.

[from ISO/IEC 17000:2004-11]

Bewertung

<allgemein>
Tätigkeit zur Ermittlung der Eignung,
Angemessenheit und Wirksamkeit der
Betrachtungseinheit, festgelegte Ziele zu
erreichen.

[aus DIN EN ISO 9000:2005]

Review

<general>
Activity undertaken to determine the
suitability, adequacy and effectiveness of
the subject matter to achieve established
objectives.

[from ISO 9000:2005]

Bewertung

<Konformitätsbewertung>
Verifizieren, ob die Auswahl- und Ermitt-
lungstätigkeiten und deren Ergebnisse
hinsichtlich der Erfüllung der festgelegten
Anforderungen durch den Gegenstand der
Konformitätsbewertung geeignet, angemessen und wirksam sind.

[aus DIN EN ISO/IEC 17000:2005-03]

Review

<conformity assessment>
Verification of the suitability, adequacy
and effectiveness of selection and determination activities, and the results of
these activities, with regard to fulfilment
of specified requirements by an object of
conformity assessment.

[from ISO/IEC 17000:2004-11]

Bewertung der sozialen Auswirkungen
Systematische Analyse der Auswirkungen eines Wirtschaftsprojektes oder der Geschäftstätigkeit auf die soziale und kulturelle Situation in der betreffenden Gemeinschaft.

[aus Grünbuch CSR:2001]

Social impact assessment
Systematic analysis of the impact of a business project or operation on the social and cultural situation of affected communities.

[from Green Paper on CSR:2001]

Bewertungskriterium
Merkmal, das zur Bewertung der erwarteten oder erbrachten Leistung eines WA-Objektes dient.

[aus DIN EN 1325-1:1996-11]

Evaluation criterion
Characteristic used to evaluate the performance expected from, or provided by the VA subject.

[from EN 1325-1:1996-09]

Bezugsbereich $X_{99,865\%} - X_{0,135\%}$
Durch das 99,865-%-Quantil, $X_{99,865\%}$, und das 0,135-%-Quantil, $X_{0,135\%}$, begrenzter Bezugsbereich, ausgedrückt durch die Differenz $X_{99,865\%} - X_{0,135\%}$.

[aus E DIN ISO 21747:2004-09]

Reference interval $X_{99,865\%} - X_{0,135\%}$
Interval bounded by the 99,865% distribution fractile, $X_{99,865\%}$, and the 0,135% distribution fractile, $X_{0,135\%}$, expressed by the difference $X_{99,865\%} - X_{0,135\%}$.

[from ISO/DIS 21747:2003-08]

Bezugskonfiguration
Genehmigte Produktkonfigurationsangaben, die die Merkmale eines Produkts zu einem festgelegten Zeitpunkt darstellen und als Grundlage für Tätigkeiten während des gesamten Produktlebenszyklus dienen.

[aus DIN ISO 10007:2004-12]

Configuration baseline
Approved product configuration information that establishes the characteristics of a product at a point in time that serves as reference for activities throughout the life cycle of the product.

[from ISO 10007:2003]

Bezugszustand
Zustand eines Systems, dessen Abweichung vom Grundzustand bezüglich der Zustandsgröße Z als bekannt vorausgesetzt wird.

[aus DIN ISO 11843-1:2004-09]

Reference state
State of a system, the deviation of which from the basic state is assumed to be known with respect to the state variable, Z.

[from ISO 11843-1:1997]

Bilaterale Vereinbarung
Vereinbarung, bei der zwei Seiten Konformitätsbewertungsergebnisse gegenseitig anerkennen oder übernehmen.

[aus DIN EN ISO/IEC 17000:2005-03]

Bilateral arrangement
Arrangement whereby two parties recognize or accept each other's conformity assessment results.

[from ISO/IEC 17000:2004-11]

C_p
Siehe: Prozessfähigkeitsindex, C_p.

C_{pk}
Siehe: Kleinster Prozessfähigkeitsindex, C_{pk}.

CRQ
Siehe: Qualitätslage zum Abnehmerrisiko; CRQ.

Cusumkarte

Qualitätsregelkarte, bei der die kumulative Summe der Abweichungen von aufeinander folgenden Stichprobenwerten gegenüber einem Referenzwert eingetragen wird, um Trends in dem Niveau des eingetragenen Maßes zu entdecken.

[übersetzt aus ISO/DIS 3534-2:2004-06]

Cumulative sum control chart; CUSUM chart

Control chart where the cumulative sum of deviations of successive sample values from a reference value is plotted to detect shifts in the level of the measure plotted.

[from ISO/DIS 3534-2:2004-06]

Dauer bis zum Ausfall
Akkumulierte Dauer der Betriebszeiten einer Einheit ab Anwendungsbeginn bis zum Ausfall oder ab dem Zeitpunkt der Wiederherstellung bis zum nächsten Ausfall.

[aus Internationales Elektrotechnisches Wörterbuch, Kapitel 191:1995]

Time to failure
Total time duration of operating time of an item, from the instant it is first put in an up state, until failure or, from the instant of restoration until next failure.

[from IEC 50 (191):1990]

Dauer bis zum ersten Ausfall
Akkumulierte Dauer der Betriebszeiten einer Einheit ab Anwendungsbeginn bis zum Ausfall.

[aus Internationales Elektrotechnisches Wörterbuch, Kapitel 191:1995]

Time to first failure
Total time duration of operating time of an item, from the instant it is first put in an up state, until failure.

[from IEC 50 (191):1990]

Design to Cost; DTC
Eine Methode des Managements von Projekten, die es erlaubt, ein Projekt von Beginn an so zu steuern, dass bestimmte Leistungen innerhalb von vorher festgelegten Kosten- und Zeitzielen erbracht werden.

[aus DIN EN 1325-1:1996-11]

Design to Cost; DTC
A method of managing a project which allows the project to be controlled from its inception in order to meet defined performances within pre-established objectives of cost and time.

[from EN 1325-1:1996-09]

Dienstleistung
Siehe: Produkt, Anmerkung 1.

Dienstleistungserbringung

Zum Erbringen einer Dienstleistung vom Lieferanten durchgeführte Tätigkeiten oder Prozesse.

[aus E DIN 55350-11:2004-03]

Service provision

All activities or processes carried out by the supplier in order to provide a service.

[translated from E DIN 55350-11:2004-03]

Diskrete Skala

Skala, die nur einen Satz oder eine Folge von einzelnen Werten enthält.

[übersetzt aus ISO/DIS 3534-2:2004-06]

Discrete scale

Scale with only a set or sequence of distinct values.

[from ISO/DIS 3534-2:2004-06]

Diskretes Merkmal

Quantitatives Merkmal, dessen Wertebereich endlich oder abzählbar unendlich ist.

[aus DIN 55350-12:1989-03]

Discrete characteristic

Quantitative characteristic having a set of values which is either finite or countably infinite.

[translated from DIN 55350-12:1989-03]

DoE

Siehe: Statistische Versuchsplanung; DoE.

Dokument

Information und ihr Trägermedium.

[aus DIN EN ISO 9000:2005]

Document

Information and its supporting medium.

[from ISO 9000:2005]

Doppel-Stichprobenprüfung

Mehrfach-Annahmestichprobenprüfung, bei der höchstens zwei Stichproben genommen werden.

[übersetzt aus ISO/DIS 3534-2:2004-06]

Double acceptance sampling inspection

Multiple acceptance sampling inspection in which at most two samples are taken.

[from ISO/DIS 3534-2:2004-06]

Dritte Seite; Dritter

Person oder Stelle, die als unabhängig von den beteiligten Seiten bezüglich der zu behandelnden Angelegenheit anerkannt ist.

[aus DIN EN 45020:1998-07]

Third party

Person or body that is recognized as being independent of the parties involved, as concerns the issue in question.

[from EN 45020:1998]

Dritter
Siehe: Dritte Seite; Dritter.

Drittparteien-Audit
Siehe: Audit.

DTC
Siehe: Design to cost; DTC.

Durchschlupf; AOQ

<Annahmestichprobenprüfung>
Erwartungswert der Ausgangsqualitäts-
lage des Produkts für einen gegebenen
Wert der Eingangsqualitätslage.

[übersetzt aus ISO/DIS 3534-2:2004-06]

Average outgoing quality; AOQ

<acceptance sampling>
Expected average quality level of outgoing product for a given value of incoming
product quality.

[from ISO/DIS 3534-2:2004-06]

Effizienz
Verhältnis zwischen dem erreichten Ergebnis und den eingesetzten Ressourcen.

[aus DIN EN ISO 9000:2005]

Efficiency
Relationship between the result achieved
and the resources used.

[from ISO 9000:2005]

Eignungsprüfung (für Laboratorien)
Ermitteln der Fähigkeit eines Laboratori-
ums für das Prüfen anhand von Vergleichen zwischen Laboratorien.

[aus DIN EN 45020:1998-07]

(Laboratory) proficiency testing
Determination of laboratory testing
performance by means of interlaboratory
comparisons.

[from EN 45020:1998]

Einbaumuster

Muster für Einbauversuche.

[aus DIN 55350-15:1986-02]

**Model (prototype) for installation or
assembly**
Model (prototype) which is installed or
assembled for testing.

[translated from DIN 55350-15:1986-02]

Einbeziehung von Personen
Auf allen Ebenen machen Personen das
Wesen einer Organisation aus, und ihre
vollständige Einbeziehung ermöglicht es,
ihre Fähigkeiten zum Nutzen der Organisation einzusetzen.

[aus DIN EN ISO 9004:2000-12]

Involvement of people
People at all levels are the essence of an
organization and their full involvement
enables their abilities to be used for the
organization's benefit.

[from ISO 9004:2000-12]

Einfach-Stichprobenprüfung

Annahmestichprobenprüfung, bei der die Entscheidung nach einer festgelegten Regel aufgrund der Prüfergebnisse von einer einzelnen Stichprobe mit festgelegtem Umfang, n, getroffen wird.

[übersetzt aus ISO/DIS 3534-2:2004-06]

Single acceptance sampling inspection

Acceptance sampling inspection in which the decision, according to a defined rule, is based on the inspection results obtained from a single sample of predetermined size, n.

[from ISO/DIS 3534-2:2004-06]

Eingangsprüfung

Annahmeprüfung an einem zugelieferten Produkt.

[aus DIN 55350-17:1988-08]

Receiving inspection

Acceptance inspection of a delivered product.

[translated from DIN 55350-17:1988-08]

Eingriffsgrenzen

Regelgrenzen, zwischen denen der betrachtete Kennwert mit einer sehr hohen Wahrscheinlichkeit liegt, wenn der Prozess beherrscht ist.

[übersetzt aus ISO/DIS 3534-2:2004-06]

Action limits

Control limits between which the statistic under consideration lies with a very high probability when the process is under statistical control.

[from ISO/DIS 3534-2:2004-06]

Eingriffswahrscheinlichkeit

Bei einer Qualitätsregelkarte die aufgrund der Wahrscheinlichkeitsverteilung der Merkmalswerte einer Grundgesamtheit oder deren zeitlicher Entwicklung sowie aufgrund der Eingriffsgrenzen und der verwendeten Kenngröße bestehende Wahrscheinlichkeit für einen Eingriff.

[aus DIN 55350-33:1993-09]

Probability of action

In an adaptive control chart, the probability that action will be needed, determined on the basis of the probability distribution of characteristic values for a population, or the development of such over time, and on the basis of the action limits and statistic under consideration.

[translated from DIN 55350-33:1993-09]

Einheit; Entität

Jedes, das separat beschrieben und betrachtet werden kann.

[übersetzt aus ISO/DIS 3534-2:2004-06]

Item; Entity

Anything that can be described and considered separately.

[from ISO/DIS 3534-2:2004-06]

Einschränkung der Akkreditierung

Prozess der Zurücknahme einer Akkreditierung für einen Teil des Akkreditierungsbereichs.

[aus DIN EN ISO/IEC 17011:2005-02]

Reducing accreditation

Process of cancelling accreditation for part of the scope of accreditation.

[from ISO/IEC 17011:2004-09]

Einseitige Vereinbarung

<allgemein>

Anerkennungsvereinbarung, die aus der Akzeptanz der Ergebnisse einer Partei durch eine andere Seite besteht.

[aus DIN EN 45020:1998-07]

Unilateral arrangement

<general>

Recognition arrangement that covers the acceptance of one party's results by another party.

[from EN 45020:1998]

Einspruch

<Konformitätsbewertung>

Verlangen des Anbieters eines Gegenstandes der Konformitätsbewertung gegenüber einer Konformitätsbewertungsstelle oder Akkreditierungsstelle, ihre Entscheidung bezüglich dieses Gegenstandes zu überprüfen.

[aus DIN EN ISO/IEC 17000:2005-03]

Appeal

<conformity assessment>

Request by the provider of the object of conformity assessment to the conformity assessment body or accreditation body for reconsideration of that body of a decision it has made relating to that object.

[from ISO/IEC 17000:2004-11]

Einspruch

<Zertifizierung>

Verlangen eines Antragstellers, eines Kandidaten oder einer zertifizierten Person auf nochmalige Prüfung einer durch die Zertifizierungsstelle getroffenen abschlägigen Entscheidung in Bezug auf seinen/ihren gewünschten Zertifizierungsstatus.

[aus DIN EN ISO/IEC 17024:2003-10]

Appeal

<certification>

Request by applicant, candidate or certified person for reconsideration of any adverse decision made by the certification body related to her/his desired certification status.

[from ISO/IEC 17024:2003]

Einzelprobe

Durch einmalige Entnahme aus einem Massengut entnommene Probe.

[aus DIN 55350-14:1985-12]

Increment (in sampling)

Sample taken from a bulk product in a single sampling operation.

[translated from DIN 55350-14:1985-12]

Endlosguteinheit

Von einem Endlosgut abgeteilte Teilgesamtheit.

[aus DIN 55350-14:1985-12]

Item of continuous material

Subpopulation split off from a continuous product.

[translated from DIN 55350-14:1985-12]

Endprüfung

Letzte der Qualitätsprüfungen vor Übergabe der Einheit an den Abnehmer.

[aus DIN 55350-17:1988-08]

Final inspection

Last quality inspection before the entity is delivered to the purchaser.

[translated from DIN 55350-17:1988-08]

Entität
Siehe: Einheit; Entität.

Entwicklung

Satz von Prozessen, der Anforderungen in festgelegte Merkmale oder in die Spezifikation eines Produkts, eines Prozesses oder eines Systems umwandelt.

[aus DIN EN ISO 9000:2005]

Design and development

Set of processes that transforms requirements into specified characteristics or into the specification of a product, process or system.

[from ISO 9000:2005]

Entwicklungsbewertung

Die oberste Leitung sollte sicherstellen, dass geeignete Personen mit der Leitung, Lenkung und Durchführung systematischer Bewertungen beauftragt werden, um zu ermitteln, ob die Entwicklungsziele erreicht wurden. Diese Bewertungen können an ausgewählten Punkten des Entwicklungsprozesses oder nach dessen Abschluss vorgenommen werden.

[aus DIN EN ISO 9004:2000-12]

Design and development review

Top management should ensure that appropriate people are assigned to manage and conduct systematic reviews to determine that design and development objectives are achieved. These reviews may be conducted at selected points in the design and development process as well as at completion.

[from ISO 9004:2000-12]

Entwicklungsmuster

Muster zur Prüfung des Entwicklungsstandes.

[aus DIN 55350-15:1986-02]

Developmental model (prototype)

Model (prototype) used to establish the status of development.

[translated from DIN 55350-15:1986-02]

Entwicklungsvalidierung

Eine Entwicklungsvalidierung muss gemäß geplanten Regelungen durchgeführt werden, um sicherzustellen, dass das resultierende Produkt in der Lage ist, die Anforderungen für die festgelegte Anwendung oder den beabsichtigten Gebrauch, soweit bekannt, zu erfüllen.

[aus DIN EN ISO 9001:2000-12]

Design and development validation

Design and development validation shall be performed in accordance with planned arrangements to ensure that the resulting product is capable of meeting the requirements for the specified application or intended use, where known.

[from ISO 9001:2000-12]

Entwicklungsverifizierung

Eine Verifizierung muss gemäß geplanten Regelungen durchgeführt werden, um sicherzustellen, dass die Entwicklungsergebnisse die Entwicklungsvorgaben erfüllen.

[aus DIN EN ISO 9001:2000-12]

Design and development verification

Verification shall be performed in accordance with planned arrangements to ensure that the design and development outputs have met the design and development input requirements.

[from ISO 9001:2000-12]

Entwurfsprüfung
Qualitätsprüfung an einem Entwurf.

[aus DIN 55350-17:1988-08]

Design review
Quality inspection of a design.

[translated from DIN 55350-17:1988-08]

Erfassungsgrenze; x_C

Wert der Zustandsgrößendifferenz X, dessen Überschreitung für eine festgelegte Wahrscheinlichkeit eines Fehlers 1. Art α zum Schluss führt, dass das betrachtete System nicht in seinem Grundzustand ist.

[aus DIN ISO 11843-1:2004-09]

Critical value of the net state variable; x_C
Value of the net state variable, X, the exceeding of which leads, for a given error probability α, to the decision that the observed system is not in its basic state.

[from ISO 11843-1:1997]

Erfassungsvermögen; x_D

Wert der Zustandsgrößendifferenz X beim Istzustand, der mit einer Wahrscheinlichkeit $(1 - \beta)$ zum Schluss führt, dass sich das System nicht im Grundzustand befindet.

[aus DIN ISO 11843-1:2004-09]

Minimum detectable value of the net state variable; x_D
Value of the net state variable, X, in the actual state that will lead, with probability $(1 - \beta)$, to the conclusion that the system is not in the basic state.

[from ISO 11843-1:1997]

Ergebnisabweichung
Ermittlungsergebnis oder Messergebnis minus wahrer Wert.

[übersetzt aus ISO/DIS 3534-2:2004-06]

Error of result
Test result or measurement result minus the true value.

[from ISO/DIS 3534-2:2004-06]

Ergebnisunsicherheit
Geschätzter Betrag zur Kennzeichnung eines Wertebereichs, innerhalb dessen der Bezugswert liegt, wobei dieser je nach Festlegung oder Vereinbarung der wahre Wert oder der Erwartungswert sein kann.

[aus DIN 55350-13:1987-07]

Uncertainty; Uncertainty of result
Estimated value which characterizes a range of values within which the reference value lies. This reference value can be either the true value or expected value, as specified or agreed upon.

[translated from DIN 55350-13:1987-07]

Erkennungsgrenze; y_C

Wert der Messgröße Y, dessen Überschreitung für eine festgelegte Wahrscheinlichkeit eines Fehlers 1. Art α zum Schluss führt, dass das betrachtete System nicht in seinem Grundzustand ist.

[aus DIN ISO 11843-1:2004-09]

Critical value of the response variable; y_C
Value of the response variable, Y, the exceeding of which leads, for a given error probability α, to the decision that the observed system is not in its basic state.

[from ISO 11843-1:1997]

Erklärung
Bestätigung durch den Anbieter.

[aus DIN EN ISO/IEC 17000:2005-03]

Declaration
First-party attestation.

[from ISO/IEC 17000:2004-11]

Ermittlungsergebnis
Durch die Anwendung eines Ermittlungsverfahrens festgestellter Merkmalswert.

[aus DIN 55350-13:1987-07]

Result of determination
A characteristic value obtained by means
of determination.

[translated from DIN 55350-13:1987-07]

Erstmuster
Muster, das ausschließlich mit den für die
Serienfertigung vorgesehenen Einrichtungen und Verfahren und/oder teilweise
unter den Randbedingungen der Serienfertigung gefertigt ist.

[aus DIN 55350-15:1986-02]

Initial model (prototype)
Model (prototype) manufactured entirely
with series production resources and
processes and/or partially under series
production conditions.

[translated from DIN 55350-15:1986-02]

Erstparteien-Audit
Siehe: Audit.

Erstprüfung
Erste Prüfung eines Prüfloses ...

[aus DIN ISO 2859-1:2004-01]

Original inspection
First inspection of a lot ...

[from ISO 2859-1:1999]

Erwartungswert
Das mittlere Ermittlungsergebnis, welches
aus der unablässig wiederholten Anwendung des unter vorgegebenen Bedingungen angewendeten Ermittlungsverfahrens
gewonnen werden könnte.

[aus DIN 55350-13:1987-07]

Expectation
Mean result which could be determined by
the continually repeated use of a specific
method under given conditions.

[translated from DIN 55350-13:1987-07]

Erweiterung der Akkreditierung
Prozess zur Vergrößerung des Akkreditierungsbereichs.

[aus DIN EN ISO/IEC 17011:2005-02]

Extending accreditation
Process of enlarging the scope of accreditation.

[from ISO/IEC 17011:2004-09]

Ethikaudit
Prüfung von Investitionsentscheidungen
nach nicht-finanziellen ethischen Kriterien.

[aus Grünbuch CSR:2001]

Ethical audit
The application of non-financial, environmental criteria to investment decision.

[from Green Paper on CSR:2001]

Ethik-Screening

Aufnahme oder Ausschluss von Wertpa-
pieren und Aktien in Investment-Portfolios
aus ethischen, sozialen oder ökologischen
Gründen.

[aus Grünbuch CSR:2001]

Ethical screening

Inclusion or exclusion of stocks and
shares in investment portfolios on ethical,
social or environmental grounds.

[from Green Paper on CSR:2001]

Ethischer Handel

Handel mit dem Ziel, in den konventionel-
len Produktionsketten für Bedingungen
zu sorgen, die grundlegende Mindest-
standards erfüllen, sowie die schlimms-
ten Formen der Ausbeutung, wie etwa
Kinderarbeit, Zwangsarbeit und die so
genannten „Sweatshops", auszurotten.
Die Gütesiegel-Kriterien für ethischen
Handel stützen sich im Allgemeinen auf
einschlägige IAO-Übereinkommen.

[aus Grünbuch CSR:2001]

Ethical trade

Aims to ensure that conditions within
mainstream production chains meet basic
minimum standards and to eradicate the
most exploitative forms of labour such as
child and forced labour and "sweatshops".
Labelling criteria are generally based on
core ISO conventions.

[from Green Paper on CSR:2001]

Evaluierung

Prozess zum Bewerten der Erfüllung
der Anforderungen des Zertifizierungs-
programms durch eine Person, der zur
Entscheidung zur Zertifizierung führt.

[aus DIN EN ISO/IEC 17024:2003-10]

Evaluation

Process that assesses a person's fulfilment of the requirements of the scheme
leading to the decision on certification.

[from ISO/IEC 17024:2003]

Experte

Person, die von einer Akkreditierungsstelle beauftragt ist, spezielles Wissen
oder Sachkenntnis im Hinblick auf den zu
begutachtenden Akkreditierungsbereich
bereitzustellen.

[aus DIN EN ISO/IEC 17011:2005-02]

Expert

Person assigned by an accreditation body
to provide specific knowledge or expertise
with respect to the scope of accreditation
to be assessed.

[from ISO/IEC 17011:2004-09]

Externes Audit

Siehe: Audit.

FA

Siehe: Funktionenanalyse; FA.

Fähigkeit

Eignung einer Organisation, eines Systems oder eines Prozesses zum Realisieren eines Produkts, das die Anforderungen an dieses Produkt erfüllen wird.

[aus DIN EN ISO 9000:2005]

Capability

Ability of an organization, system or process to realize a product that will fulfil the requirements for that product.

[from ISO 9000:2005]

Fairer Handel

Definiert als Alternative zum herkömmlichen internationalen Handel. Konkret handelt es sich um Handelspartnerschaften, die eine nachhaltige Entwicklung ausgegrenzter und benachteiligter Produzenten fördern. Dies geschieht durch bessere Handelskonditionen, Sensibilisierung und Kampagnen. Die Kriterien für fair gehandelte Waren sind von Produkt zu Produkt unterschiedlich, z. B. garantierte Preise, Vorfinanzierung und direkte Bezahlung der Erzeuger oder deren Genossenschaften.

[aus Grünbuch CSR:2001]

Fair trade

Defines itself as an alternative approach to conventional international trade. It is a trading partnership that promotes a sustainable development for excluded and disadvantaged producers. It seeks to do this by providing better trading conditions, awareness raising and campaigning. The criteria for Fair Trade marked products differ between products but cover issues such as guaranteed prices, pre-payment and direct payment to growers or their co-operatives.

[from Green Paper on CSR:2001]

Fehlaussage; Irrtum

Nichtübereinstimmung zwischen Rechenergebnissen, beobachteten oder gemessenen Werten oder Beschaffenheiten und den betreffenden wahren, spezifizierten oder theoretisch richtigen Werten oder Beschaffenheiten.

[aus Internationales Elektrotechnisches Wörterbuch, Kapitel 191:1995]

Error

A discrepancy between a computed, observed or measured value or condition and the true, specified or theoretically correct value or condition.

[from IEC 50 (191):1990]

Fehler

Nichterfüllung einer Anforderung.

[aus DIN EN ISO 9000:2005]

Nonconformity

Non-fulfilment of a requirement.

[from ISO 9000:2005]

Fehler je hundert Einheiten

<in einer Stichprobe>

Das Hundertfache der Anzahl von Fehlern, geteilt durch den Stichprobenumfang, nämlich

$$100 \frac{d}{n}$$

Nonconformities per 100 items

<in a sample>

One hundred times the number of nonconformities in the sample divided by the sample size, viz:

$$100 \frac{d}{n}$$

Dabei ist:

d die Anzahl der Fehler in der Stichprobe;

n der Stichprobenumfang.

[aus DIN ISO 2859-1:2004-01]

where

d is the number of nonconformities in the
sample;

n is the sample size.

[from ISO 2859-1:1999]

Fehler je hundert Einheiten

<in einer Gesamtheit oder einem Los>

Das Hundertfache der Anzahl Fehler in der
Gesamtheit oder im Los, geteilt durch den
Umfang der Gesamtheit oder den Umfang
des Loses, nämlich

$$100\,p = 100\,\frac{D}{N}$$

Dabei ist:

p die Anzahl Fehler je Einheit;

D die Anzahl Fehler in der Gesamtheit
oder im Los;

N der Umfang der Gesamtheit oder des
Loses.

[aus DIN ISO 2859-1:2004-01]

Nonconformities per 100 items

<in a population or lot>

One hundred times the number of
nonconformities in the population or lot
divided by the population or lot size, viz:

$$100\,p = 100\,\frac{D}{N}$$

where

p is the number of nonconformities per
item;

D is the number of nonconformities in the
population or lot;

N is the population or lot size.

[from ISO 2859-1:1999]

Fehlergrenzen

Abweichungsgrenzbeträge für Mess-
abweichungen eines Messgerätes.

[aus DIN 1319-1:1995-01]

**Limits of permissible error (of a meas-
uring instrument); Maximum permissible errors (of a measuring instrument)**

Extreme values of an error for a given
measuring instrument.

[translated from DIN 1319-1:1995-01]

Fehlerhaft

Bezeichnung für eine Einheit, die einen
Fehlzustand aufweist.

[aus Internationales Elektrotechnisches
Wörterbuch, Kapitel 191:1995]

Faulty

Pertaining to an item which has a fault.

[from IEC 50 (191):1990]

Fehlerhafte Einheit

Einheit mit einem oder mehreren Fehlern.

[aus DIN ISO 2859-1:2004-01]

Nonconforming item

Item with one or more nonconformities.

[from ISO 2859-1:1999]

Fehlerklassifizierung

Einstufung möglicher Fehler einer Einheit in Fehlerklassen nach einer Bewertung, die an den Fehlerfolgen ausgerichtet ist.

[aus DIN 55350-31:1985-12]

Classification of nonconformance

Classification of possible nonconformities in an item into classes determined on the basis of an evaluation of the possible consequences of such nonconformities.

[translated from DIN 55350-31:1985-12]

Fehlerkosten

Kosten, die durch Fehler verursacht sind.

[aus E DIN 55350-11:2004-03]

Nonconformity costs

Costs incurred due to nonconformities.

[translated from E DIN 55350-11:2004-03]

Fehlermöglichkeiten- und -einflussanalyse

Gleichbedeutend mit: Fehlzustandsart- und -auswirkungsanalyse.

Fehlerverhütungskosten

Kosten, die verursacht sind durch die Analyse und Beseitigung von Fehlerursachen.

[aus E DIN 55350-11:2004-03]

Costs of prevention

Costs incurred during the analysis and removal of the causes of nonconformities.

[translated from E DIN 55350-11:2004-03]

Fehlzustand

Zustand einer Einheit, in dem sie unfähig ist, eine geforderte Funktion zu erfüllen, wobei die durch Wartung oder andere geplante Handlungen bzw. durch das Fehlen äußerer Mittel verursachte Funktionsunfähigkeit ausgeschlossen ist.

[aus Internationales Elektrotechnisches Wörterbuch, Kapitel 191:1995]

Fault

The state of an item characterized by inability to perform a required function, excluding the inability during preventive maintenance or other planned actions, or due to lack of external resources.

[from IEC 50 (191):1990]

Fehlzustandsart-, -auswirkungs- und -kritizitätsanalyse; FMECA

Qualitatives Analyseverfahren der Funktionsfähigkeit, welches die Fehlzustandsart- und -auswirkungsanalyse zusammen mit einer Betrachtung der Wahrscheinlichkeit des Vorkommens der Fehlzustände sowie ihre Einordnung nach Bedeutung umfasst.

[aus Internationales Elektrotechnisches Wörterbuch, Kapitel 191:1995]

Fault modes, effects and criticality analysis; FMECA

Failure modes, effects and criticality analysis (deprecated).
A qualitative method of reliability analysis which involves a fault modes and effects analysis together with a consideration of the probability of their occurrence and of the ranking of the seriousness of the faults.

[from IEC 50 (191):1990]

Fehlzustandsart- und -auswirkungs-analyse; FMEA

Qualitatives Analyseverfahren der Funktionsfähigkeit, welches die Arten des Fehlzustands, die in jeder Untereinheit der Einheit vorkommen können, sowie die Ermittlung der Auswirkungen jeder Art des Fehlzustands auf andere Untereinheiten der Einheit und auf die geforderten Funktionen der Einheit einbezieht.

[aus Internationales Elektrotechnisches Wörterbuch, Kapitel 191:1995]

Fault modes and effects analysis; FMEA

Failure modes and effects analysis (deprecated).
A qualitative method of reliability analysis which involves the study of the fault modes which can exist in every sub-item of the item and the determination of the effects of each fault mode on other sub-items of the item and on the required functions of the item.

[from IEC 50 (191):1990]

Fehlzustandsbaumanalyse; FTA

Analyse zur Feststellung, welche Arten von Fehlzuständen der Untereinheiten oder welche äußeren Vorkommnisse oder welche Kombinationen daraus zu einer festgelegten Art des Fehlzustands der Einheit führen können, dargestellt in der Form eines Fehlzustandsbaums.

[aus Internationales Elektrotechnisches Wörterbuch, Kapitel 191:1995]

Fault tree analysis; FTA

An analysis to determine which fault modes of the subitems or external events, or combinations thereof, may result in a stated fault mode of the item, presented in the form of a fault tree.

[from IEC 50 (191):1990]

Fertigungsprüfung

Zwischenprüfung an einem in der Fertigung befindlichen materiellen Produkt.

[aus DIN 55350-17:1988-08]

In-process inspection

Inspection carried out on a material product during the manufacturing process.

[translated from DIN 55350-17:1988-08]

Festgelegte Anforderung

Erfordernis oder Erwartung, das oder die niedergelegt ist.

[aus DIN EN ISO/IEC 17000:2005-03]

Specified requirement

Need or expectation that is stated.

[from ISO/IEC 17000:2004-11]

Festgelegte Toleranz

Differenz zwischen Höchstwert und Mindestwert.

[aus E DIN ISO 21747:2004-09]

Specified tolerance

Difference between upper and lower specification limits.

[from ISO/DIS 21747:2003-08]

Feststellbare Ursache

Ursache einer systematischen Ergebnisabweichung bei einem Prozess, die zur
Änderung des Wertes eines Merkmals bei-
trägt und festgestellt werden kann.

[aus DIN 55350-33:1993-09]

Identifiable cause

Cause of a systematic error during a
process, which contributes to a change in
a characteristic value and which can be
identified.

[translated from DIN 55350-33:1993-09]

Flexibilität eines Niveaus

Ein Bündel von Hinweisen, das vom Antragsteller in Hinblick auf die Möglichkeit
vorgegeben wird, das für ein Bewertungs-
kriterium gesuchte Niveau anzupassen.

[aus DIN EN 1325-1:1996-11]

Flexibility of a level

A set of indications given by the enquirer
regarding the possibility of adjusting the
level sought for an evaluation criterion.

[from EN 1325-1:1996-09]

FMEA

Siehe: Fehlzustandsart- und -auswir-
kungsanalyse; FMEA.

FMECA

Siehe: Fehlzustandsart-, -auswirkungs-
und -kritizitätsanalyse; FMECA.

Formular

Dokument zur Aufzeichnung von Daten,
die im QM-System erforderlich sind.

[übersetzt aus ISO/TR 10013:2001]

Form

Document used to record data required
by the quality management system.

[from ISO/TR 10013:2001]

Fortschrittsbeurteilung

Bewertung des Fortschritts, der bezogen
auf das Erreichen der Ziele des Projekts
gemacht wurde.

[aus DIN-Fachbericht ISO 10006:2004]

Progress evaluation

Assessment of progress made on
achievement of the project objectives.

[from ISO 10006:2003]

Freigabe

Erlaubnis, zur nächsten Stufe eines Prozesses überzugehen.

[aus DIN EN ISO 9000:2005]

Release

Permission to proceed to the next stage of
a process.

[from ISO 9000:2005]

FTA

Siehe: Fehlzustandsbaumanalyse; FTA.

Führung
Führungskräfte schaffen die Übereinstimmung von Zweck und Ausrichtung der Organisation. Sie sollten das interne Umfeld
schaffen und erhalten, in dem sich Personen voll und ganz für die Erreichung der
Ziele der Organisation einsetzen können.

[aus DIN EN ISO 9004:2000-12]

Leadership
Leaders establish unity of purpose and
direction of the organization. They should
create and maintain the internal environment in which people can become fully
involved in achieving the organization's
objectives.

[from ISO 9004:2000-12]

Funktion
Die Wirkung eines Produktes oder eines
seiner Bestandteile.

[aus DIN EN 1325-1:1996-11]

Function
Effect of a product or of one of its constituents.

[from EN 1325-1:1996-09]

Funktionenanalyse; FA
Ein Prozess, der die Funktionen und
deren Beziehungen, welche systematisch
dargestellt, klassifiziert und bewertet sind,
vollständig beschreibt.

[aus DIN EN 1325-1:1996-11]

Functional analysis; FA
A process that describes completely the
functions and their relationships, which
are systematically characterized, classified and evaluated.

[from EN 1325-1:1996-09]

Funktionengliederung
Anordnung von Funktionen, die sich aus
der Funktionenanalyse ergibt und in Form
eines Baumes oder Diagrammes dargestellt werden kann und eine vollständige,
visualisierte und schriftlich niedergelegte
Wiedergabe ermöglicht.

[aus DIN EN 1325-1:1996-11]

Function structure
Arrangement of functions resulting
from functional analysis, which can be
presented in the forms of a tree, or of a
diagram, giving a complete, visual, written
presentation.

[from EN 1325-1:1996-09]

Funktionenträger
Gegebenheiten, durch die eine Funktion
realisiert wird.

[aus DIN EN 1325-1:1996-11]

Function carrier
Feature by which a function is realized.

[from EN 1325-1:1996-09]

Funktionsbereich Metrologie
Funktionsbereich mit organisatorischer
und technischer Verantwortung für die
Festlegung und Verwirklichung des Mess-
managementsystems.

[aus DIN EN ISO 9000:2005]

Metrological function
Function with administrative and technical responsibility for defining and implementing the measurement management
system.

[from ISO 9000:2005]

Funktionsfähigkeit

Fähigkeit einer Einheit, eine geforderte Funktion unter gegebenen Bedingungen für ein gegebenes Zeitintervall zu erfüllen.

[aus Internationales Elektrotechnisches Wörterbuch, Kapitel 191:1995]

Reliability (performance)

The ability of an item to perform a required function under given conditions for a given time interval.

[from IEC 50 (191):1990]

Funktionskosten

Die Gesamtheit der geplanten oder angefallenen Aufwendungen, um eine Funktion in ein WA-Objekt aufzunehmen.

[aus DIN EN 1325-1:1996-11]

Function cost

The whole of the expenditure forecast or incurred for including a function in a VA subject.

[from EN 1325-1:1996-09]

Gebrauchstauglichkeit

Eignung eines Gutes für seinen bestimmungsgemäßen Verwendungszweck, die auf objektiv und nicht objektiv feststellbaren Gebrauchseigenschaften beruht und deren Beurteilung sich aus individuellen Bedürfnissen ableitet.

[aus E DIN 55350-11:2004-03]

Fitness for use

Suitability of a product for its intended use, determined on the basis of objective and subjective properties, and evaluated on the basis of the user's individual needs.

[translated from E DIN 55350-11:2004-03]

Gegenseitige Vereinbarung; Zweiseitige Vereinbarung

<allgemein>
Anerkennungsvereinbarung, die aus der gegenseitigen Akzeptanz der Ergebnisse durch zwei Seiten besteht.

[aus DIN EN 45020:1998-07]

Bilateral arrangement

<general>
Recognition arrangement that covers the acceptance of each other's result by two parties.

[from EN 45020:1998]

Gegenseitigkeit

Beziehung zwischen zwei Seiten, in der beide Seiten einander gegenüber gleiche Rechte und Pflichten haben.

[aus DIN EN ISO/IEC 17000:2005-03]

Reciprocity

Relationship between two parties where both have the same rights and obligations towards each other.

[from ISO/IEC 17000:2004-11]

Geltungsbereich der Bestätigung

Bereich oder Merkmale des Gegenstandes der Konformitätsbewertung, die von der Bestätigung erfasst werden.

[aus DIN EN ISO/IEC 17000:2005-03]

Scope of attestation

Range or characteristics of objects of conformity assessment covered by attestation.

[from ISO/IEC 17000:2004-11]

Genauigkeit

Grad der Übereinstimmung zwischen einem Ermittlungsergebnis (einschließlich Messergebnis) und dem wahren Wert.

[übersetzt aus ISO/DIS 3534-2:2004-06]

Accuracy

Closeness of agreement between a test result or measurement result and the true value.

[from ISO/DIS 3534-2:2004-06]

Genehmigung (im Sinne der Zertifizierung)

Dokument, das nach den Regeln eines Zertifizierungssystems ausgestellt wird und mit dem eine Zertifizierungsstelle einer Person oder einer Stelle das Recht erteilt, Konformitätsbescheinigungen (Zertifikate) oder Konformitätszeichen für ihre Produkte, Prozesse oder Dienstleistungen in Übereinstimmung mit den Regeln des entsprechenden Zertifizierungsprogrammes zu nutzen.

[aus DIN EN 45020:1998-07]

Licence (for certification)

Document, issued under the rules of a certification system, by which a certification body grants to a person or body the right to use certificates or marks of conformity for its products, processes or services in accordance with the rules of the relevant certification scheme.

[from EN 45020:1998]

Genehmigungsinhaber (im Sinne der Zertifizierung)

Person oder Stelle, der von einer Zertifizierungsstelle eine Genehmigung erteilt wurde.

[aus DIN EN 45020:1998-07]

Licensee (for certification)

Person or body to which a certification body has granted a licence.

[from EN 45020:1998]

Gesamtanteil fehlerhafter Einheiten; p_T

Summe aus oberem Anteil fehlerhafter Einheiten und unterem Anteil fehlerhafter Einheiten.

[aus E DIN ISO 21747:2004-09]

Total fraction nonconforming; p_T

Sum of upper fraction nonconforming and lower fraction nonconforming.

[from ISO/DIS 21747:2003-08]

Geschichtete Probenahme

Probenahme, zu deren Zweck aus der Grundgesamtheit Teilgesamtheiten (= „Schichten") gebildet werden, aus denen die Auswahleinheiten mit festgelegten Auswahlsätzen entnommen werden.

[aus DIN 55350-14:1985-12]

Stratified sampling

Sampling for the purposes of which sub-populations (= "strata") are formed from the population and the sampling items taken from them in specified sampling fractions.

[translated from DIN 55350-14:1985-12]

Gezielte Probenahme

Probenahme, bei der aufgrund von vorausgehender Information über eine Auswahleinheit entschieden wird, ob sie in die Stichprobe einbezogen wird oder nicht.

[aus DIN 55350-14:1985-12]

Selective sampling

Sampling in which a decision is made as to whether the sampling item shall be included in the sample or not on the basis of previous information on the sampling item.

[translated from DIN 55350-14:1985-12]

Gleichbehandlung

Für Produkte oder Prozesse eines Anbieters vorgesehene Behandlung, die nicht nachteiliger ist als diejenige für Produkte und Prozesse irgendeines anderen Anbieters in einer vergleichbaren Situation.

[aus DIN EN ISO/IEC 17000:2005-03]

Equal treatment

Treatment accorded to products or processes from one supplier that is no less favourable than that accorded to like products or processes from any other supplier, in a comparable situation.

[from ISO/IEC 17000:2004-11]

Gleichwertigkeit; Gleichwertigkeit der Ergebnisse von Konformitätsbewertungen

Ausreichende Übereinstimmung verschiedener Konformitätsbewertungsergebnisse, bezogen auf dieselben festgelegten Anforderungen, um ein gleiches Niveau des Vertrauens in die Konformität sicherzustellen.

[aus DIN EN ISO/IEC 17000:2005-03]

Equivalence; Equivalence of conformity assessment results

Sufficiency of different conformity assessment results to provide the same level of assurance of conformity with regard to the same specified requirements.

[from ISO/IEC 17000:2004-11]

Grenzabweichung

Untere Grenzabweichung oder obere Grenzabweichung.

[aus DIN 55350-12:1989-03]

Limiting deviation

Lower limiting deviation or upper limiting deviation

[translated from DIN 55350-12:1989-03]

Grenzbetrag

Betrag für Mindestwert und Höchstwert, die bis auf das Vorzeichen übereinstimmen.

[aus DIN 55350-12:1989-03]

Absolute value for lower or upper specification limit

The absolute lower or upper specification limit, without regard to sign.

[translated from DIN 55350-12:1989-03]

Grenzmuster

Muster, das den Grenzwert eines Qualitätsmerkmals verkörpert.

[aus DIN 55350-15:1986-02]

Limit model (prototype)

Model (prototype) which represents the limiting value for a quality characteristic.

[translated from DIN 55350-15:1986-02]

Grenzwert
Für ein Merkmal festgelegte Konformitätsgrenze.

[aus E DIN ISO 21747:2004-09]

Specification limit
Conformance boundary specified for a
characteristic.

[from ISO/DIS 21747:2003-08]

Grundgesamtheit
Gesamtheit der betrachteten Einheiten/
Entitäten.

[übersetzt aus ISO/DIS 3534-1:2004-07]

Population
Totality of items under consideration.

[from ISO/DIS 3534-1:2004-07]

Grundzustand
Spezieller Zustand eines Systems zur
Anwendung als Ausgangspunkt für die
Ermittlung von Istzuständen des Systems.

[aus DIN ISO 11843-1:2004-09]

Basic state
Specific state of a system for use as a
base for the evaluation of actual states of
the system.

[from ISO 11843-1:1997]

Hardware
Siehe: Produkt, Anmerkung 1.

Hauptfehler
Nicht-kritischer Fehler, der voraussichtlich
zu einem Ausfall führt oder die Brauchbarkeit für den vorgesehenen Verwendungszweck wesentlich herabsetzt.

[aus DIN 55350-31:1985-12]

Major nonconformity
A nonconformity which is not critical, but
which is likely to either result in failure
or considerably reduce suitability for
intended use.

[translated from DIN 55350-31:1985-12]

Hersteller-Prüfbeauftragter
Von der Unternehmensleitung des Herstel-
lers benannter, in ihrem Auftrag handelnder und in seinen Qualitätsfeststellungen
unabhängiger Prüfbeauftragter.

[aus DIN 55350-18:1987-07]

Producer-authorized inspector
An inspector appointed by the top management of the producer to act on its
behalf in making an independent assessment of the quality of its procucts.

[translated from DIN 55350-18:1987-07]

Herstellerprüfzertifikat
Qualitätsprüf-Zertifikat anhand eines
auftragsbezogenen Prüfergebnisses, ausgestellt vom Hersteller-Prüfbeauftragten.

[aus DIN 55350-18:1987-07]

Producer inspection certificate
Quality inspection certificate issued on
the basis of a specific inspection result by
the producer-authorized inspector.

[translated from DIN 55350-18:1987-07]

Herstellerprüfzertifikat M
Herstellerprüfzertifikat mit Angabe von festgestellten Merkmalswerten zu den speziellen Qualitätsmerkmalen.

[aus DIN 55350-18:1987-07]

Producer inspection certificate M
Producer inspection certificate in which the values determined for the specific quality characteristics are stated.

[translated from DIN 55350-18:1987-07]

Herstellerprüfzertifikat O
Herstellerprüfzertifikat ohne Angabe von festgestellten Merkmalswerten.

[aus DIN 55350-18:1987-07]

Producer inspection certificate O
Producer inspection certificate in which the values determined for the quality characteristics are not stated.

[translated from DIN 55350-18:1987-07]

Herstellerzertifikat
Qualitätsprüf-Zertifikat anhand eines nicht-auftragsbezogenen Prüfergebnisses, ausgestellt vom Hersteller-Prüfbeauftragten.

[aus DIN 55350-18:1987-07]

Producer certificate
Quality inspection certificate issued on the basis of a non-specific inspection result by the producer-authorized inspector.

[translated from DIN 55350-18:1987-07]

Herstellerzertifikat M
Herstellerzertifikat mit Angabe von festgestellten Merkmalswerten zu den speziellen Qualitätsmerkmalen.

[aus DIN 55350-18:1987-07]

Producer certificate M
Producer certificate in which the values determined for the specific quality characteristics are stated.

[translated from DIN 55350-18:1987-07]

Herstellerzertifikat O
Herstellerzertifikat ohne Angabe von festgestellten Merkmalswerten.

[aus DIN 55350-18:1987-07]

Producer certificate O
Producer certificate in which the values determined for the quality characteristics are not stated.

[translated from DIN 55350-18:1987-07]

Histogramm
Graphische Darstellung einer Häufigkeitsverteilung durch aneinander angrenzende Rechtecke, deren Breite der Klassenweite und deren Fläche der Häufigkeit in der Klasse entspricht.

[übersetzt aus ISO/DIS 3534-1:2004-07]

Histogram
Graphical representation of a frequency distribution consisting of contiguous rectangles, each with base width equal to the class width and area proportional to the class frequency.

[from ISO/DIS 3534-1:2004-07]

Höchstwert; U
Grenzwert, der die obere Konformitätsgrenze definiert.

[aus E DIN ISO 21747:2004-09]

Upper specification limit; U
Specification limit that defines the upper conformance boundary.

[from ISO/DIS 21747:2003-08]

Identität

Gesamtbestand an materiellen und nicht-materiellen Fakten einschließlich Erscheinungen der betreffenden Entität, die mindestens für die Dauer der Identitätsperiode unverändert bleiben, die die Entität als positiv einschätzt und die grundsätzlich einen beliebigen Grad an Auszeichnung haben können.

[aus „Orientierung in Identität"]

Die Definition ist allgemein für Entitäten formuliert. Sie gilt für Organisationen, indem man „Entität" durch „Organisation" ersetzt.

Identitätselement

Materielles oder nicht-materielles Faktum einschließlich Erscheinung einer Entität, das mindestens für die Dauer der Identitätsperiode unverändert bleibt und das die Entität als positiv einschätzt.

[aus „Orientierung in Identität"]

Die Definition ist allgemein für Entitäten formuliert. Sie gilt für Organisationen, indem man „Entität" durch „Organisation" ersetzt.

Information

Daten mit Bedeutung.

[aus DIN EN ISO 9000:2005]

Infrastruktur

<Organisation>
System von Einrichtungen, Ausrüstungen und Dienstleistungen, das für den Betrieb einer Organisation erforderlich ist.

[aus DIN EN ISO 9000:2005]

Innovation

Erzeugung neuer Identitätselemente zusätzlich zu bestehenden oder als Ersatz dafür.

[Definition des Autors]

Identity

All material and non-material facts, including appearance, regarding the relevant entity, which remain unchanged at least for the duration of the identity period, which allow a positive assessment of the entity, and which basically could have any degree of distinction.

[translated from "Orientierung in Identität"]

This definition applies to entities in general. It also applies to organizations, whereby the word "entity" should be replaced by the word "organization".

Element of identity

Material or non-material fact, including appearance, regarding an entity, which remains unchanged at least for the duration of the identity period, which allows a positive assessment of the entity, and which basically could have any degree of distinction.

[translated from "Orientierung in Identität"]

This definition applies to entities in general. It also applies to organizations, whereby the word "entity" should be replaced by the word "organization".

Information

Meaningful data.

[from ISO 9000:2005]

Infrastructure

<Organization>
System of facilities, equipment and services needed for the operation of an organization.

[from ISO 9000:2005]

Innovation

Generation of new elements of identity in addition to or as a replacement for existing elements.

[definition by the author]

Inspektion

Untersuchung der Entwicklungs- und Konstruktionsunterlagen eines Produktes, eines Produktes selbst, eines Prozesses oder einer Anlage und Ermittlung seiner/ihrer Konformität mit spezifischen Anforderungen oder, auf der Grundlage einer sachverständigen Beurteilung, mit allgemeinen Anforderungen.

[aus DIN EN ISO/IEC 17000:2005-03]

Siehe auch: Prüfung; Inspektion.

Inspektionsstelle

Stelle, die eine Inspektion durchführt.

[aus DIN EN 45020:1998-07]

Instandhaltbarkeit

Fähigkeit einer Einheit, unter gegebenen Anwendungsbedingungen in einem Zustand erhalten bzw. in ihn zurückversetzt werden zu können, in dem sie eine geforderte Funktion erfüllen kann, wobei vorausgesetzt wird, dass die Instandhaltung unter den gegebenen Bedingungen mit den vorgeschriebenen Verfahren und Hilfsmitteln durchgeführt wird.

[aus Internationales Elektrotechnisches Wörterbuch, Kapitel 191:1995]

Instandhaltung

Kombination aller technischen und administrativen Maßnahmen einschließlich Überwachungsmaßnahmen, mit denen eine Einheit im funktionsfähigen Zustand erhalten oder in ihn zurückversetzt werden soll.

[aus Internationales Elektrotechnisches Wörterbuch, Kapitel 191:1995]

Instandhaltungssystematik

Prinzipien für die Organisation und Durchführung der Instandhaltung.

[aus Internationales Elektrotechnisches Wörterbuch, Kapitel 191:1995]

Instandhaltungsgrundsätze

Beschreibung der Wechselbeziehungen zwischen den Instandhaltungsstufen, den

Inspection

Examination of a product design, product, process or installation and determination of its conformity with specific requirements or, on the basis of professional judgement, with general requirements.

[from ISO/IEC 17000:2004-11]

Inspection body

Body that performs inspection.

[from EN 45020:1998]

Maintainability (performance)

The ability of an item under given conditions of use, to be retained in, or restored to, a state in which it can perform a required function, when maintenance is performed under given conditions and using stated procedures and resources.

[from IEC 50 (191):1990]

Maintenance

The combination of all technical and administrative actions, including supervision actions, intended to retain an item in, or restore it to, a state in which it can perform a required function.

[from IEC 50 (191):1990]

Maintenance philosophy

A system of principles for the organization and execution of the maintenance.

[from IEC 50 (191):1990]

Maintenance policy

A description of the interrelationship between the maintenance echelons, the

Gliederungsebenen und den Instandhaltungsebenen, die für die Instandhaltung einer Einheit anzuwenden sind.

[aus Internationales Elektrotechnisches Wörterbuch, Kapitel 191:1995]

indenture levels and the levels of maintenance to be applied for the maintenance of an item.

[from IEC 50 (191):1990]

Instandsetzung; Korrektive Instandhaltung

Instandhaltung nach Fehlzustandserkennung mit der Absicht, eine Einheit in den funktionsfähigen Zustand zu versetzen.

[aus Internationales Elektrotechnisches Wörterbuch, Kapitel 191:1995]

Corrective maintenance

The maintenance carried out after fault recognition and intended to put an item into a state in which it can perform a required function.

[from IEC 50 (191):1990]

Integriertes Management

Zusammenfassung aller relevanten Managementdisziplinen einer Organisation in einem gemeinsamen Management.

[Definition des Autors]

Integrated management

Centralization of all relevant management disciplines within an organization into a single whole.

[definition by the author]

Interessierter Kreis

<Akkreditierung>

Personen mit einem direkten oder indirekten Interesse an Akkreditierungen.

[aus DIN EN ISO/IEC 17011:2005-02]

Interested parties

<Accreditation>

Parties with a direct or indirect interest in accreditation.

[from ISO/IEC 17011:2004-09]

Interessierte Partei

Person oder Gruppe mit einem Interesse an der Leistung oder dem Erfolg einer Organisation.

[aus DIN EN ISO 9000:2005]

Jede Organisation hat interessierte Parteien, die jeweils bestimmte Erfordernisse und Erwartungen haben. Dazu gehören

– Kunden und Endabnehmer,

– Personen in der Organisation,

– Eigentümer/Investoren (z. B. Aktionäre, Einzelpersonen oder Gruppen einschließlich des öffentlichen Sektors, die ein spezielles Interesse an der Organisation haben),

– Lieferanten und Partner und

Interested party

Person or group having an interest in the performance or success of an organization.

[from ISO 9000:2005]

Every organization has interested parties, each party having needs and expectations. Interested parties of organizations include

– customers and end-users,

– people in the organization,

– owners/investors (such as share-holders, individuals or groups, including the public sector, that have a specific interest in the organization),

– suppliers and partners, and

– die Gesellschaft als die in diesem Zusammenhang von der Organisation oder ihren Produkten betroffene Gemeinschaft und Öffentlichkeit.

[aus DIN EN ISO 9004:2000-12]

– society in terms of the community and the public affected by the organization or its products.

[from ISO 9004:2000-12]

Internes Audit

Siehe: Audit.

Intervallskala

Kontinuierliche oder diskrete Skala mit äquidistanten Skalenwerten und einem willkürlichen Nullpunkt.

[übersetzt aus ISO/DIS 3534-2:2004-06]

Interval scale

Continuous scale or discrete scale with equal sized scale values and an arbitrary zero.

[from ISO/DIS 3534-2:2004-06]

Irrtum

Siehe: Fehlaussage; Irrtum.

Kalibrierfunktion

Funktionale Beziehung zwischen dem Erwartungswert der Messgröße und dem Wert X der Zustandsgrößendifferenz X.

[aus DIN ISO 11843-1:2004-09]

Calibration function

Functional relationship between the expected value of the response variable and the value of the net state variable, X.

[from ISO 11843-1:1997]

Kalibrierung

Vollständige Menge von Tätigkeiten, die unter festgelegten Bedingungen die Kalibrierfunktion aus Ermittlungen der Messgröße Y schätzt, gewonnen bei Bezugszuständen.

[aus DIN ISO 11843-1:2004-09]

Calibration

Complete set of operations which estimates under specified conditions the calibration function from observations of the response variable, Y, obtained on reference states.

[from ISO 11843-1:1997]

Kandidat

Antragsteller, der festgelegte Voraussetzungen erfüllt, die seine/ihre Teilnahme am Zertifizierungsverfahren erlauben.

[aus DIN EN ISO/IEC 17024:2003-10]

Candidate

Applicant who has fulfilled specified prerequisites, allowing the participation in the certification process.

[from ISO/IEC 17024:2003]

Kenngröße

<Statistik>

Funktion der Beobachtungswerte, die eine Eigenschaft der Häufigkeitsverteilung charakterisiert.

[aus DIN 55350-23:1983-04]

Statistic

<statistics>

A function of the observed values characterizing a property of a frequency distribution.

[translated from DIN 55350-23:1983-04]

Kenngröße
<allgemein>
Größe zur Kennzeichnung eines interessierenden Systemzustands.

[Definition des Autors]

Index
<general>
Quantity characterizing the system condition under consideration.

[definition by the author]

Kennwert
Wert der Kenngröße.

[aus DIN 55350-23:1983-04]

Value of index; Value of statistic

[translated from DIN 55350-23:1983-04]

Kennzeichnung und Rückverfolgbarkeit
Die Organisation muss, wo angemessen, das Produkt mit geeigneten Mitteln während der gesamten Produktrealisierung kennzeichnen.

Die Organisation muss den Produktstatus in Bezug auf die Überwachungs- und Messanforderungen kennzeichnen.

Die Organisation muss die eindeutige Kennzeichnung des Produktes lenken und aufzeichnen, wenn Rückverfolgbarkeit gefordert ist.

[aus DIN EN ISO 9001:2000-12]

Identification and traceability
Where appropriate, the organization shall identify the product by suitable means throughout product realization.

The organization shall identify the product status with respect to monitoring and measurement requirements.

Where traceability is a requirement, the organization shall control and record the unique identification of the product.

[from ISO 9001:2000-12]

Klasse
Bei einer Klassenbildung entstehender Teilbereich.

[aus DIN 55350-23:1983-04]

Class
A subset formed for the purpose of classification.

[translated from DIN 55350-23:1983-04]

Klassenbildung
Aufteilung des Wertebereiches eines Merkmals in Teilbereiche (Klassen), die einander ausschließen und den Wertebereich vollständig ausfüllen.

[aus DIN 55350-23:1983-04]

Classification
Dividing the complete set of values of a characteristic into subsets (classes) excluding each other and covering the complete set of values.

[translated from DIN 55350-23:1983-04]

Klassierung
Einordnung von Beobachtungswerten in die Klassen.

[aus DIN 55350-23:1983-04]

Grouping
Grouping observed values into classes.

[translated from DIN 55350-23:1983-04]

Kleinster potenzieller Prozessleistungsindex; P_{pk}
Kleinerer der beiden Werte oberer potenzieller Prozessleistungsindex und unterer potenzieller Prozessleistungsindex.

[aus E DIN ISO 21747:2004-09]

Minimum process performance index; P_{pk}
Smaller of upper process performance index and lower process performance index.

[from ISO/DIS 21747:2003-08]

Kleinster Prozessfähigkeitsindex; C_{pk}
Kleinerer der beiden Werte oberer Prozessfähigkeitsindex und unterer Prozessfähigkeitsindex.

[aus E DIN ISO 21747:2004-09]

Minimum process capability index; C_{pk}
Smaller of upper process capability index and lower process capability index.

[from ISO/DIS 21747:2003-08]

Klumpenprobenahme
Probenahme, bei der die Auswahleinheiten jeweils aus mehreren zusammenhängenden Einheiten bestehen.

[aus DIN 55350-14:1985-12]

Cluster sampling
Sampling in which the sampling items in each case consist of several aggregates (clusters) of items bound together.

[translated from DIN 55350-14:1985-12]

KM
Siehe: Konfigurationsmanagement (KM).

Kompetenz
<allgemein>
Dargelegte Eignung, Wissen und Fertigkeiten anzuwenden.

[aus DIN EN ISO 9000:2005]

Competence
<general>
Demonstrated ability to apply knowledge and skills.

[from ISO 9000:2005]

Kompetenz
<Audit>
Nachgewiesene persönliche Eigenschaften und nachgewiesene Eignung zur Anwendung von Wissen und Fertigkeiten.

[aus DIN EN ISO 9000:2005]

Competence
<audit>
Demonstrated personal attributes and demonstrated ability to apply knowledge and skills.

[from ISO 9000:2005]

Kompetenzzertifikat
Dokument, das gemäß den Regeln eines Zertifizierungssystems ausgestellt wurde und anzeigt, dass angemessenes Vertrauen besteht, dass die genannte Person für bestimmte Aufgaben kompetent ist.

[aus DIN EN 45013:1990-05]

Certificate of competence
Document issued under the rules of a certification system indicating that adequate confidence is provided that the named person is competent in performing specific services.

[from EN 45013:1989]

Konfiguration

Miteinander verbundene funktionelle und physische Merkmale eines Produkts, wie sie in den Produktkonfigurationsangaben beschrieben sind.

[aus DIN ISO 10007:2004-12]

Configuration

Interrelated functional and physical characteristics of a product defined in product configuration information.

[from ISO 10007:2003]

Konfigurationsbuchführung

Formalisierte Dokumentation und Berichterstattung über die Produktkonfigurationsangaben, den Stand der Änderungsanträge und den Durchführungsstand genehmigter Änderungen.

[aus DIN ISO 10007:2004-12]

Configuration status accounting

Formalized recording and reporting of product configuration information, the status of proposed changes and the status of the implementation of approved changes.

[from ISO 10007:2003]

Konfigurationseinheit

Einheit innerhalb einer Konfiguration, die eine Endgebrauchsfunktion erfüllt.

[aus DIN ISO 10007:2004-12]

Configuration item

Entity within a configuration that satisfies an end use function.

[from ISO 10007:2003]

Konfigurationsmanagement (KM)

Koordinierte Tätigkeiten zur Leitung und Lenkung der Konfiguration.

[aus DIN ISO 10007:2004-12]

Configuration management

Coordinated activities to direct and control configuration.

[from ISO 10007:2003]

Konformität

Erfüllung einer Anforderung.

[aus DIN EN ISO 9000:2005]

Conformity

Fulfilment of a requirement.

[from ISO 9000:2005]

Konformitätsbescheinigung; Zertifikat

Dokument, das nach den Regeln eines Zertifizierungssystems ausgestellt wird, um Vertrauen zu schaffen, dass ein eindeutig beschriebenes Produkt, ein eindeutig beschriebener Prozess oder eine eindeutig beschriebene Dienstleistung mit einer bestimmten Norm oder einem anderen normativen Dokument konform ist.

[aus DIN EN 45020:1998-07]

Certificate of conformity

Document issued under the rules of a certification system, providing confidence that a duly identified product, process or service is in conformity with a specific standard or other normative document.

[from EN 45020:1998]

Konformitätsbeurteilung
Jede Tätigkeit bezüglich der direkten oder indirekten Feststellung, dass die relevanten Anforderungen erfüllt werden.

Typische Beispiele für Tätigkeiten bei der Konformitätsbeurteilung sind Probenahme, Prüfen und Inspektion, Bewertung, Verifizierung und Konformitätssicherung (Anbieter-Erklärung, Zertifizierung); Registrierung, Akkreditierung und Zulassung sowie die Kombination dieser Tätigkeiten.

[aus DIN EN 45020:1998-07]

Conformity assessment
Any activity concerned with determining directly or indirectly that relevant requirements are fulfilled.

Typical examples of conformity assessment activities are sampling, testing and inspection; evaluation, verification and assurance of conformity (supplier's declaration, certification); registration, accreditation and approval as well as their combinations.

[from EN 45020:1998]

Konformitätsbeurteilungsprogramm
Konformitätsbeurteilungssystem in Bezug auf bestimmte Produkte, Prozesse oder Dienstleistungen, auf welches sich dieselben Normen und Regeln und dasselbe Verfahren anwenden lassen.

[aus DIN EN 45020:1998-07]

Conformity assessment scheme
Conformity assessment system as related to specified products, processes or services to which the same particular standards and rules, and the same procedure, apply.

[from EN 45020:1998]

Konformitätsbeurteilungsstelle
Stelle, die eine Konformitätsbeurteilung durchführt.

[aus DIN EN 45020:1998-07]

Conformity assessment body
Body that conducts conformity assessment.

[from EN 45020:1998]

Konformitätsbeurteilungssystem
System, das seine eigenen Verfahrens- und Verwaltungsregeln für die Durchführung einer Konformitätsbeurteilung hat.

[aus DIN EN 45020:1998-07]

Conformity assessment system
System that has its own rules of procedure and management for carrying out conformity assessment.

[from EN 45020:1998]

Konformitätsbewertung
Darlegung, dass festgelegte Anforderungen bezogen auf ein Produkt, einen Prozess, ein System, eine Person oder eine Stelle erfüllt sind.

[aus DIN EN ISO/IEC 17000:2005-03]

Conformity assessment
Demonstration that specified requirements relating to a product, process, system, person or body are fulfilled.

[from ISO/IEC 17000:2004-11]

Konformitätsbewertung durch eine dritte Seite

Tätigkeit, durchgeführt von einer Person oder einer Stelle, die von der Person oder der Organisation, die den Gegenstand der Konformitätsbewertung anbietet, und von Interessen als Anwender dieses Gegenstandes unabhängig ist.

[aus DIN EN ISO/IEC 17000:2005-03]

Third-party conformity assessment activity

Conformity assessment activity that is performed by a person or body that is independent of the person or organization that provides the object and of user interests in that object.

[from ISO/IEC 17000:2004-11]

Konformitätsbewertung durch eine erste Seite

Tätigkeit, durchgeführt von der Person oder von der Organisation, die den Gegenstand der Konformitätsbewertung anbietet.

[aus DIN EN ISO/IEC 17000:2005-03]

First-party conformity assessment activity

Conformity assessment activity that is performed by the person or organization that provides the object.

[from ISO/IEC 17000:2004-11]

Konformitätsbewertung durch eine zweite Seite

Tätigkeit, durchgeführt von einer Person oder einer Organisation, die gegenüber dem Gegenstand der Konformitätsbewertung ein Interesse als Anwender hat.

[aus DIN EN ISO/IEC 17000:2005-03]

Second-party conformity assessment activity

Conformity assessment activity that is performed by a person or organization that has a user interest in the object.

[from ISO/IEC 17000:2004-11]

Konformitätsbewertungsprogramm

Konformitätsbewertungssystem, das sich auf bestimmte Gegenstände der Konformitätsbewertung bezieht, auf welche dieselben festgelegten Anforderungen, Regeln und Verfahren angewendet werden.

[aus DIN EN ISO/IEC 17000:2005-03]

Conformity assessment scheme; Conformity assessment programme

Conformity assessment system related to specified objects of conformity assessment, to which the same specified requirements, specific rules and procedures apply.

[from ISO/IEC 17000:2004-11]

Konformitätsbewertungsstelle

Stelle, die Konformitätsbewertungen durchführt.

[aus DIN EN ISO/IEC 17000:2005-03]

Conformity assessment body

Body that performs conformity assessment services.

[from ISO/IEC 17000:2004-11]

Konformitätsbewertungssystem
Regeln, Verfahren und Management für die Durchführung von Konformitätsbewertungen.

[aus DIN EN ISO/IEC 17000:2005-03]

Conformity assessment system
Rules, procedures and management for carrying out conformity assessment.

[from ISO/IEC 17000:2004-11]

Konformitätskosten
Kosten für die Erfüllung festgelegter und vorausgesetzter Bedürfnisse von Kunden, ohne dass Fehler im Prozess auftreten.

[übersetzt aus ISO/TR 10014:1998]

Costs of conformity
Cost to fulfil all of the stated and implied needs of customers in the absence of failure of the existing process.

[from ISO/TR 10014:1998]

Konformitätsprüfung
Konformitätsbewertung durch Prüfen.

[aus DIN EN 45020:1998-07]

Conformity testing
Conformity evaluation by means of testing.

[from EN 45020:1998]

Konformitätssicherung (Sicherstellung der Konformität)
Tätigkeit, die zu einer Erklärung führt, die Vertrauen schafft, dass ein Produkt, ein Prozess oder eine Dienstleistung mit festgelegten Anforderungen konform ist.

[aus DIN EN 45020:1998-07]

ANMERKUNG   Eine Dienstleistung ist nach ISO 9000:2005 eine Art eines Produkts.

Assurance of conformity

Activity resulting in a statement giving confidence that a product, process or service fulfils specified requirements.

[from EN 45020:1998]

Konformitätsüberwachung
Konformitätsbewertung zum Ermitteln der kontinuierlichen Konformität mit festgelegten Anforderungen.

[aus DIN EN 45020:1998-07]

Conformity surveillance
Conformity evaluation to determine the continuing conformity to specified requirements.

[from EN 45020:1998]

Konformitätszeichen (im Sinne der Zertifizierung)
Geschütztes Zeichen, das nach den Regeln eines Zertifizierungssystems verwendet oder vergeben wird und das zum Ausdruck bringt, dass Vertrauen be-

Mark of conformity (for certification)

Protected mark, applied or issued under the rules of a certification system, indicating that confidence is provided that the relevant product, process or service is

steht, dass das betreffende Produkt, der betreffende Prozess oder die betreffende Dienstleistung mit einer bestimmten Norm oder einem anderen normativen Dokument konform ist.

[aus DIN EN 45020:1998-07]

in conformity with a specific standard or other normative document.

[from EN 45020:1998]

Kontinuierliche Skala
Skala mit einem Kontinuum möglicher Werte.

[übersetzt aus ISO/DIS 3534-2:2004-06]

Continuous scale
Scale with a continuum of possible values.

[from ISO/DIS 3534-2:2004-06]

Kontinuierliche Verbesserung
Gleichbedeutend mit: Ständige Verbesserung.

Kontinuierlicher Verbesserungsprozess
Gleichbedeutend mit: Ständige Verbesserung.

Kontinuierliches Merkmal
Quantitatives Merkmal, dessen Wertebereich überabzählbar unendlich ist.

[aus DIN 55350-12:1989-03]

Continuous characteristic
Quantitative characteristic having a set of values which is uncountably infinite.

[translated from DIN 55350-12:1989-03]

Kontrolle
Siehe: Überwachung; Kontrolle.

Korrektive Instandhaltung
Siehe: Instandsetzung; Korrektive Instandhaltung.

Korrektur
Maßnahme zur Beseitigung eines erkannten Fehlers.

[aus DIN EN ISO 9000:2005]

Correction
Action to eliminate a detected nonconformity.

[from ISO 9000:2005]

Korrekturmaßnahme
Maßnahme zur Beseitigung der Ursache eines erkannten Fehlers oder einer anderen erkannten unerwünschten Situation.

[aus DIN EN ISO 9000:2005]

Corrective action
Action to eliminate the cause of a detected nonconformity or other undesirable situation.

[from ISO 9000:2005]

Kosten

Die Ausgaben, die einem bestimmten Produkt zugerechnet werden oder ihm zurechenbar sind.

[aus DIN EN 1325-1:1996-11]

Cost

The expenditure incurred on, or attributable to, a given product.

[from EN 1325-1:1996-09]

Kritischer Fehler

Fehler, von dem anzunehmen oder bekannt ist, dass er voraussichtlich für Personen, die die betreffende Einheit benutzen, instand halten oder auf sie angewiesen sind, gefährliche oder unsichere Situationen schafft; oder ein Fehler, von dem anzunehmen oder bekannt ist, dass er voraussichtlich die Erfüllung der Funktion einer größeren Anlage, wie z. B. eines Schiffes, eines Flugzeuges, einer Rechenanlage, einer medizinischen Einrichtung oder eines Nachrichtensatelliten, verhindert.

[aus DIN 55350-31:1985-12]

Critical nonconformity

Nonconformity for which it is known or can be assumed that it is either likely to create a dangerous or unsafe situation for persons who use, maintain or rely on the item in question, or that it is likely to prevent the functioning of a larger system, e.g. a ship, plane, computer system, medical equipment, or news satellite.

[translated from DIN 55350-31:1985-12]

Kritischer Vergleichdifferenzbetrag

Betrag, unter dem oder höchstens gleich dem der Absolutwert der Differenz zwischen zwei Ergebnissen, von denen jedes eine unter Vergleichbedingungen gewonnene Serie von Ermittlungsergebnissen repräsentiert und zwischen denen Vergleichbedingungen vorlagen, mit einer vorgegebenen Wahrscheinlichkeit erwartet werden kann.

[übersetzt aus ISO/DIS 3534-2:2004-06]

Reproducibility critical difference

Value less than or equal to which the absolute difference between two final values each of them representing a series of test results or measurement results obtained under reproducibility conditions is expected to be with a specified probability.

[from ISO/DIS 3534-2:2004-06]

Kritischer Wiederholdifferenzbetrag

Betrag, unter dem oder höchstens gleich dem der Absolutwert der Differenz zwischen zwei unter Wiederholbedingungen gewonnenen Ergebnissen, von denen jedes eine Serie von Ermittlungsergebnissen repräsentiert, mit einer vorgegebenen Wahrscheinlichkeit erwartet werden kann.

[übersetzt aus ISO/DIS 3534-2:2004-06]

Repeatability critical difference

Value less than or equal to which the absolute difference between two final values each of them representing a series of test results or measurement results obtained under repeatability conditions is expected to be with a specified probability.

[from ISO/DIS 3534-2:2004-06]

Kunde

Organisation oder Person, die ein Produkt empfängt.

[aus DIN EN ISO 9000:2005]

Customer

Organization or person that receives a product.

[from ISO 9000:2005]

Kundendienst

Wechselseitige Beziehung zwischen einer Organisation und Kunden im Laufe des Produktzyklus.

[aus DIN ISO 10002:2005-04]

Customer service

Interaction of the organization with the customer throughout the life cycle of a product.

[from ISO 10002:2004-07]

Kundenorientierung

Organisationen hängen von ihren Kunden ab und sollten daher gegenwärtige und zukünftige Erfordernisse der Kunden verstehen, deren Anforderungen erfüllen und danach streben, deren Erwartungen zu übertreffen.

[aus DIN EN ISO 9004:2000-12]

Customer focus

Organizations depend on their customers and therefore should understand current and future customer needs, should meet customer requirements and strive to exceed customer expectations.

[from ISO 9004:2000-12]

Kundenzufriedenheit

Wahrnehmung des Kunden zu dem Grad, in dem die Anforderungen des Kunden erfüllt worden sind.

[aus DIN EN ISO 9000:2005]

Customer satisfaction

Customer's perception of the degree to which the customer's requirements have been fulfilled.

[from ISO 9000:2005]

Kurzzeitstreuung

Streuung der Werte eines Produkt- oder Prozessmerkmals in kurzen Zeitspannen, in denen keine nichtzufälligen Veränderungen des Erwartungswertes angenommen werden.

[aus DIN 55350-33:1993-09]

Short term variation

Variation of the value for a product or process characteristic over short periods of time during which it is assumed there will be no non-random changes to the expectation.

[translated from DIN 55350-33:1993-09]

KVP = Kontinuierlicher Verbesserungsprozess

Siehe: Ständige Verbesserung.

Laboratoriumsprobe

Probe, die als Ausgangsmaterialmenge für die Untersuchung im Laboratorium dient.

[aus DIN 55350-14:1985-12]

Laboratory sample

Sample used as an initial quantity of material for laboratory inspection or testing.

[translated from DIN 55350-14:1985-12]

Langzeitstreuung

Streuung der Werte eines Produkt- oder Prozessmerkmals in langen Zeitspannen,

Long term variation

Variation of the value of a product or process characteristic over long periods of

in denen nichtzufällige Veränderungen des Erwartungswertes angenommen werden können.

[aus DIN 55350-33:1993-09]

time during which non-random changes to the expectation can be expected.

[translated from DIN 55350-33:1993-09]

Lastenheft

Vom Auftraggeber festgelegte Gesamtheit der Forderungen an die Lieferungen und Leistungen eines Auftragnehmers innerhalb eines Auftrags.

[aus DIN 69905:1997-05]

Requirement specification; User specification

All requirements specified by the client in a contract for all items (products including services) to be provided by the contractor.

[translated from DIN 69905:1997-05]

Lebenszykluskosten; Life Cycle Cost; LCC

Die Kosten für den Erwerb und den Besitz eines Produktes für einen bestimmten Zeitraum seines Lebenszyklus. Diese können die Kosten der Entwicklung, des Erwerbes, der Anwenderschulung, der Handhabung, der Erhaltung, der Außerdienststellung und der Entsorgung umfassen.

[aus DIN EN 1325-1:1996-11]

Life cycle cost; LCC

The cost of acquisition and ownership of a product over a defined period of its life cycle. It may include the cost of development, acquisition, user training, operation, support, removal from use and disposal of the product.

[from EN 1325-1:1996-09]

Leiten und Lenken von Prozessen

Es sollte ein Arbeitsplan zum Leiten und Lenken der Prozesse festgelegt werden, der einschließt:

– Eingabe- und Ergebnisanforderungen (z. B. Spezifikationen und Ressourcen),

– Tätigkeiten in den Prozessen,

– Verifizierung und Validierung von Prozessen und Produkten,

– Analyse des Prozesses einschließlich Zuverlässigkeit,

– Risikoerkennung, -bewertung und -minderung,

– Korrektur- und Vorbeugungsmaßnahmen,

– Möglichkeiten und Maßnahmen zur Prozessverbesserung und

– Lenkung von Änderungen an Prozessen und Produkten.

[aus DIN EN ISO 9004:2000-12]

Managing processes

An operating plan should be defined to manage the processes, including

– input and output requirements (for example specifications and resources),

– activities within the processes,

– verification and validation of processes and products,

– analysis of the process including dependability,

– identification, assessment and mitigation of risk,

– corrective and preventive actions,

– opportunities and actions for process improvement, and

– control of changes to processes and products.

[from ISO 9004:2000-12]

Leitender Begutachter

Begutachter, dem die Gesamtverantwortung für bestimmte Begutachtungstätigkeiten übertragen wird.

[aus DIN EN ISO/IEC 17011:2005-02]

Lead assessor

Assessor who is given the overall responsibility for specified assessment activities.

[from ISO/IEC 17011:2004-09]

Lenkung fehlerhafter Produkte

Die Organisation muss sicherstellen, dass ein Produkt, das die Anforderungen nicht erfüllt, gekennzeichnet und gelenkt wird, um seinen unbeabsichtigten Gebrauch oder seine Auslieferung zu verhindern.

[aus DIN EN ISO 9001:2000-12]

Control of nonconforming product

The organization shall ensure that product which does not conform to product requirements is identified and controlled to prevent its unintended use or delivery.

[from ISO 9001:2000-12]

Lenkung von Aufzeichnungen

Aufzeichnungen müssen erstellt und aufrechterhalten werden, um einen Nachweis der Konformität mit den Anforderungen und des wirksamen Funktionierens des Qualitätsmanagementsystems bereitzustellen.

[aus DIN EN ISO 9001:2000-12]

Control of records

Records shall be established and maintained to provide evidence of conformity to requirements and of the effective operation of the quality management system.

[from ISO 9001:2000-12]

Lenkung von Dokumenten

Ein dokumentiertes Verfahren zur Festlegung der erforderlichen Lenkungsmaßnahmen muss eingeführt werden, um

a) Dokumente bezüglich ihrer Angemessenheit vor ihrer Herausgabe zu genehmigen,

b) Dokumente zu bewerten, sie bei Bedarf zu aktualisieren und erneut zu genehmigen,

c) sicherzustellen, dass Änderungen und der aktuelle Überarbeitungsstatus von Dokumenten gekennzeichnet werden,

d) sicherzustellen, dass gültige Fassungen zutreffender Dokumente an den jeweiligen Einsatzorten verfügbar sind,

e) sicherzustellen, dass Dokumente lesbar und leicht erkennbar bleiben,

f) sicherzustellen, dass Dokumente externer Herkunft gekennzeichnet werden und ihre Verteilung gelenkt wird, und

Control of documents

A documented procedure shall be established to define the controls needed

a) to approve documents for adequacy prior to issue,

b) to review and update as necessary and re-approve documents,

c) to ensure that changes and the current revision status of documents are identified,

d) to ensure that relevant versions of applicable documents are available at points of use,

e) to ensure that documents remain legible and readily identifiable,

f) to ensure that documents of external origin are identified and their distribution controlled, and

g) die unbeabsichtigte Verwendung ver- alteter Dokumente zu verhindern und diese in geeigneter Weise zu kenn- zeichnen, falls sie aus irgendeinem Grund aufbewahrt werden.

[aus DIN EN ISO 9001:2000-12]

g) to prevent the unintended use of obsolete documents, and to apply suitable identification to them if they are retained for any purpose.

[from ISO 9001:2000-12]

Lenkung von Entwicklungsänderungen

Entwicklungsänderungen müssen gekenn- zeichnet und aufgezeichnet werden. Die Änderungen müssen, soweit angemessen, bewertet, verifiziert und validiert sowie vor ihrer Einführung genehmigt werden.

[aus DIN EN ISO 9001:2000-12]

Control of design and development changes

Design and development changes shall be identified and records maintained. The changes shall be reviewed, verified and validated, as appropriate, and approved before implementation.

[from ISO 9001:2000-12]

Lenkung von Überwachungs- und Messmitteln

Die Organisation muss die zum Nachweis der Konformität des Produkts mit festge- legten Anforderungen vorzunehmenden Überwachungen und Messungen und die erforderlichen Überwachungs- und Mess- mittel ermitteln.

[aus DIN EN ISO 9001:2000-12]

Control of monitoring and measuring devices

The organization shall determine the monitoring and measurement to be un- dertaken and the monitoring and measur- ing devices needed to provide evidence of conformity of product to determined requirements.

[from ISO 9001:2000-12]

Lieferant

Organisation oder Person, die ein Produkt bereitstellt.

[aus DIN EN ISO 9000:2005]

Supplier

Organization or person that provides a product.

[from ISO 9000:2005]

Lieferantenbeurteilung

Beurteilung der Fähigkeit eines Lieferan- ten durch den Auftraggeber.

[aus E DIN 55350-11:2004-03]

Evaluation of supplier

The customer's evaluation of the suppli- er's abilities.

[translated from E DIN 55350-11:2004-03]

Lieferantenbeziehungen zum gegen- seitigen Nutzen

Eine Organisation und ihre Lieferanten sind voneinander abhängig. Beziehungen zum gegenseitigen Nutzen erhöhen die Wertschöpfungsfähigkeit beider Seiten.

[aus DIN EN ISO 9004:2000-12]

Mutually beneficial supplier relation- ships

An organization and its suppliers are interdependent and a mutually beneficial relationship enhances the ability of both to create value.

[from ISO 9004:2000-12]

Lieferantenrisiko
<Annahmestichprobenprüfung>
Wahrscheinlichkeit der Nicht-Annahme,
wenn die Qualitätslage einen Wert hat, der
laut Plan akzeptabel ist.

[übersetzt aus ISO/DIS 3534-2:2004-06]

Producer's risk
<acceptance sampling>
Probability of non-acceptance when the
quality level has a value stated by the plan
as acceptable.

[from ISO/DIS 3534-2:2004-06]

Los
Zusammengestellte, festgelegte Menge
von Einheiten (Produkten, Materialien oder
Dienstleistungen).

[aus DIN ISO 2859-1:2004-01]

Lot
Definite amount of some product, material
or service, collected together.

[from ISO 2859-1:1999]

Losumfang
Anzahl der Einheiten in einem Los.

[aus DIN ISO 2859-1:2004-01]

Lot size
Number of items in a lot.

[from ISO 2859-1:1999]

LQ
Siehe: Rückzuweisende Qualitätsgrenzlage; LQ.

Management
Aufeinander abgestimmte Tätigkeiten zum
Leiten und Lenken einer Organisation.

[aus DIN EN ISO 9000:2005]

Management
Coordinated activities to direct and control an organization.

[from ISO 9000:2005]

Management von Ressourcen
Die oberste Leitung sollte sicherstellen,
dass Ressourcen, die für die Verwirklichung der Strategien und die Erreichung
der Ziele der Organisation von entschei-
dender Bedeutung sind, ermittelt und zur
Verfügung gestellt werden.

[aus DIN EN ISO 9004:2000-12]

Resource management
Top management should ensure that the
resources essential to the implementation of strategy and the achievement of
the organization's objectives are identified
and made available.

[from ISO 9004:2000-12]

Managementbewertung
Die oberste Leitung muss das Qualitätsmanagementsystem der Organisation
in geplanten Abständen bewerten, um
dessen fortdauernde Eignung, Angemessenheit und Wirksamkeit sicherzustellen.

[aus DIN EN ISO 9001:2000-12]

Management review
Top management shall review the organization's quality management system, at
planned intervals to ensure its continuing
suitability, adequacy and effectiveness.

[from ISO 9001:2000-12]

Managementsystem

System zum Festlegen von Politik und Zielen sowie zum Erreichen dieser Ziele.

[aus DIN EN ISO 9000:2005]

Management system

System to establish policy and objectives and to achieve those objectives.

[from ISO 9000:2005]

Mangel

Nichterfüllung einer Anforderung in Bezug auf einen beabsichtigten oder festgelegten Gebrauch.

[aus DIN EN ISO 9000:2005]

Defect

Non-fulfilment of a requirement related to an intended or specified use.

[from ISO 9000:2005]

Massenguteinheit

Von einem Massengut abgeteilte Teilgesamtheit.

[aus DIN 55350-14:1985-12]

Item of bulk material

A subpopulation split off from a bulk product.

[translated from DIN 55350-14:1985-12]

Maßnahme

Zielgerichtete Tätigkeit.

[aus E DIN 55350-11:2004-03]

Action

Activity with a specific goal.

[translated from E DIN 55350-11:2004-03]

Maximaler Durchschlupf; AOQL

<Annahmestichprobenprüfung>

Für alle möglichen Werte der Eingangsqualitätslage des Produkts und für einen gegebenen Annahmestichprobenplan der größte Wert des Durchschlupfes unter der Randbedingung, dass alle nicht-akzeptierten Lose nachgebessert wurden, sofern nicht anders festgelegt.

[übersetzt aus ISO/DIS 3534-2:2004-06]

Average outgoing quality limit; AOQL

<Acceptance sampling>

Maximum AOQ over all possible values of incoming product quality level for a given acceptance sampling plan and rectification of all non-accepted lots unless specified otherwise.

[from ISO/DIS 3534-2:2004-06]

Mediankarte

Qualitätsregelkarte für quantitative Merkmale zur Beurteilung der Prozesslage anhand der Mediane von Untergruppen.

[übersetzt aus ISO/DIS 3534-2:2004-06]

Median control chart

Variables control chart for evaluating the process level in terms of sub-group medians.

[from ISO/DIS 3534-2:2004-06]

Mehrfach-Stichprobenprüfung

Annahmestichprobenprüfung, in der anhand von festgelegten Entscheidungsregeln nach der Prüfung einer jeden Stichprobe die Entscheidung getroffen wird, das Los anzunehmen oder nicht anzunehmen oder eine weitere Stichprobe zu ziehen.

[übersetzt aus ISO/DIS 3534-2:2004-06]

Multiple acceptance sampling inspection

Acceptance sampling inspection in which, after each sample has been inspected, a decision is made, based upon defined decision rules, to accept, not accept or take another sample.

[from ISO/DIS 3534-2:2004-06]

Mehrseitige Vereinbarung

Anerkennungsvereinbarung, die aus der gegenseitigen Akzeptanz der Ergebnisse durch mehr als zwei Seiten besteht.

[aus DIN EN 45020:1998-07]

Multilateral arrangement

Recognition arrangement that covers the acceptance of each other's results by more than two parties.

[from EN 45020:1998]

Mehrstufige Probenahme

Probenahme in Stufen, bei der aus der Grundgesamtheit Auswahleinheiten erster Stufe gebildet werden, denen Stichprobeneinheiten erster Stufe entnommen werden; aus den Stichprobeneinheiten erster Stufe werden Auswahleinheiten zweiter Stufe gebildet, denen Stichprobeneinheiten zweiter Stufe entnommen werden usw.

[aus DIN 55350-14:1985-12]

Multistage sampling

Sampling in stages, in which, from the population, sampling items are obtained for the first stage, from which sample items of the first stage are taken, while from the sample items of the first stage sampling items are obtained for the second stage from which sample items of the second stage are taken, and so on.

[translated from DIN 55350-14:1985-12]

Merkmal

Kennzeichnende Eigenschaft.

[aus DIN EN ISO 9000:2005]

Characteristic

Distinguishing feature.

[from ISO 9000:2005]

Merkmalswert

Der Erscheinungsform des Merkmals zugeordneter Wert.

[aus DIN 55350-12:1989-03]

Characteristic value

The value attributed to the characteristic.

[translated from DIN 55350-12:1989-03]

Messabweichung

Ergebnisabweichung, wenn das Ermittlungsverfahren ein Messverfahren ist.

[aus DIN 55350-13:1987-07]

Error of measurement

Error of result obtained in measurement.

[translated from DIN 55350-13:1987-07]

Messgröße; *Y*
Eine Variable, welche die ermittelten Ergebnisse eines experimentellen Vorgehens zeigt.

[aus DIN ISO 11843-1:2004-09]

Response variable; *Y*
Variable that shows the observed results of an experimental treatment.

[from ISO 11843-1:1997]

Messmanagementsystem
Satz von in Wechselbeziehung oder Wechselwirkung stehenden Elementen, der zur Erzielung der metrologischen Bestätigung und zur ständigen Überwachung von Messprozessen erforderlich ist.

[aus DIN EN ISO 9000:2005]

Measurement management system
Set of interrelated or interacting elements necessary to achieve metrological confirmation and continual control of measurement processes.

[from ISO 9000:2005]

Messmittel
Messgerät, Software, Messnormal, Referenzmaterial oder apparative Hilfsmittel oder eine Kombination davon, wie sie zur Realisierung eines Messprozesses erforderlich sind.

[aus DIN EN ISO 9000:2005]

Measuring equipment
Measuring instrument, software, measurement standard, reference material or auxiliary apparatus or combination thereof necessary to realize a measurement process.

[from ISO 9000:2005]

Messnormal
Siehe: Normal; Messnormal.

Messprobe
Probe, die zur Durchführung einer Einzeluntersuchung vorbereitet ist.

[aus DIN 55350-14:1985-12]

Test sample
Sample prepared for carrying out an individual test.

[translated from DIN 55350-14:1985-12]

Messprozess
Satz von Tätigkeiten zur Ermittlung eines Größenwertes.

[aus DIN EN ISO 9000:2005]

Measurement process
Set of operations to determine the value of a quantity.

[from ISO 9000:2005]

Messserie
Gesamtheit aller Messwerte, deren Auswertung auf derselben Kalibrierung beruht.

[aus DIN ISO 11843-1:2004-09]

Measurement series
Totality of all measurements, the evaluation of which is based on the same calibration.

[from ISO 11843-1:1997]

Messunsicherheit
Dem Messergebnis zugeordneter Parameter, der die Streuung der Werte kennzeich-

Uncertainty (of measurement)
Parameter, associated with the result of measurement, that characterizes the

net, die vernünftigerweise der Messgröße zugeordnet werden könnte.

Der Parameter kann beispielsweise eine Standardabweichung (oder ein gegebenes Vielfaches davon) oder die halbe Weite eines Bereiches sein, der ein festgelegtes Vertrauensniveau hat.

Messunsicherheit enthält im Allgemeinen viele Komponenten. Einige dieser Komponenten können aus der statistischen Verteilung der Ergebnisse einer Messreihe ermittelt und durch empirische Standardabweichungen gekennzeichnet werden. Die anderen Komponenten, die ebenfalls durch Standardabweichung charakterisiert werden können, werden aus angenommenen Wahrscheinlichkeitsverteilungen ermittelt, die sich auf Erfahrung oder andere Information gründen.

[aus DIN V ENV 13005:1999-06; identisch mit Guide to the expression of uncertainty in measurement (GUM):1993/1995]

dispersion of values that could reasonably be attributed to measurand.

The parameter may be, for example, a standard deviation (or a given multiple of it), or the half-width of an interval having a stated level of confidence.

Uncertainty of measurement comprises, in general, many components. Some of these components may be evaluated from the statistical distribution of the results of series of measurements and can be characterized by experimental standard deviations. The other components, which also can be characterized by standard deviations, are evaluated from assumed probability distributions based on experience of other information.

[from Guide to the expression of uncertainty in measurement (GUM):1993/1995]

Metrologische Bestätigung

Satz von notwendigen Tätigkeiten, um sicherzustellen, dass ein Messmittel die Anforderungen an seinen beabsichtigten Gebrauch erfüllt.

[aus DIN EN ISO 9000:2005]

Metrological confirmation

Set of operations required to ensure that measuring equipment conforms to the requirements for its intended use.

[from ISO 9000:2005]

Metrologisches Merkmal

Kennzeichnende Eigenschaft, die die Messergebnisse beeinflussen kann.

[aus DIN EN ISO 9000:2005]

Metrological characteristic

Distinguishing feature which can influence the results of measurement.

[from ISO 9000:2005]

Mindestwert; L

Grenzwert, der die untere Konformitätsgrenze definiert.

[aus E DIN ISO 21747:2004-09]

Lower specification limit; L

Specification limit that defines the lower conformance boundary.

[from ISO/DIS 21747:2003-08]

Mitglied; Mitglied eines Systems oder Programmes

Stelle, die nach den anzuwendenden Regeln arbeitet und die Möglichkeit der

Member; Member of a system or scheme

Body that operates under the applicable rules and has the opportunity to take part

Teilnahme an dem Management des Systems oder des Programmes hat.

[aus DIN EN ISO/IEC 17000:2005-03]

in the management of the system or scheme.

[from ISO/IEC 17000:2004-11]

Mittellinie

Linie in einer Qualitätsregelkarte, die den Sollwert oder den langfristigen Mittelwert der eingetragenen Kenngröße repräsentiert.

[übersetzt aus ISO/DIS 3534-2:2004-06]

Centre line

Line on a control chart representing the intended aim or historical mean of the statistic plotted.

[from ISO/DIS 3534-2:2004-06]

Mittelwertkarte

Qualitätsregelkarte für quantitative Merkmale zur Beurteilung der Prozesslage anhand der Mittelwerte von Untergruppen.

[übersetzt aus ISO/DIS 3534-2:2004-06]

Average control chart; $\bar{x}$ chart

Variables control chart for evaluating the process level in terms of sub-group averages.

[from ISO/DIS 3534-2:2004-06]

Mittenwert

Arithmetischer Mittelwert aus Mindestwert und Höchstwert.

[aus DIN 55350-12:1989-03]

Centre value

Arithmetic mean of the upper and lower specification limits.

[translated from DIN 55350-12:1989-03]

Mittlere Dauer bis zum Ausfall; MTTF

Erwartungswert der Verteilung der Dauern bis zum Ausfall.

[aus Internationales Elektrotechnisches Wörterbuch, Kapitel 191:1995]

Mean time to failure; MTTF

The expectation of the time to failure.

[from IEC 50 (191):1990]

Mittlere Dauer bis zum ersten Ausfall; MTTFF

Erwartungswert der Verteilung der Dauern bis zum ersten Ausfall.

[aus Internationales Elektrotechnisches Wörterbuch, Kapitel 191:1995]

Mean time to first failure; MTTFF

The expectation of the time to first failure.

[from IEC 50 (191):1990]

Mittlere Qualitätslage des Prozesses

Mittlere Qualitätslage eines Prozesses während einer festgelegten Zeitdauer oder Menge der Realisierung.

[aus DIN ISO 2859-1:2004-01]

Process average

Process level averaged over a defined time period or quantity of production.

[from ISO 2859-1:1999]

Mittlere Reaktionsdauer; ARL

Erwartungswert der Anzahl der aus
Stichproben generierten Einträge in einer
Qualitätsregelkarte bis zu der Stelle, und
diese einschließend, die zu der Entscheidung führt, dass eine besondere Ursache
vorliegt.

[übersetzt aus ISO/DIS 3534-2:2004-06]

Average run length; ARL
<control chart>
Expected value of the number of samples plotted on a control chart up to and
including the point that gives rise to a
decision that a special cause is present.

[from ISO/DIS 3534-2:2004-06]

Mittlerer Ausfallabstand; MTBF
Erwartungswert der Verteilung der Ausfall-
abstände.

ANMERKUNG   Die Verwendung der englischen Kurzbezeichnung „MTBF" für den
mittleren Ausfallabstand wird abgelehnt.

[aus Internationales Elektrotechnisches
Wörterbuch, Kapitel 191:1995]

Mean time between failures; MTBF
The expectation of the time between
failures

NOTE   In English, the use of the abbre-
viation MTBF in this sense is now deprecated.

[from IEC 50 (191):1990]

Mittlerer Stichprobenumfang
Mittlere Anzahl der je Los geprüften
Einheiten bis zur Annahme oder Rückwei-
sung.

[aus DIN 55350-31:1985-12]

Average sample size
Average number of items per batch which
are tested before acceptance or rejection.

[translated from DIN 55350-31:1985-12]

MTBF
Siehe: Mittlerer Ausfallabstand; MTBF.

MTTF
Siehe: Mittlere Dauer bis zum Ausfall;
MTTF.

MTTFF
Siehe: Mittlere Dauer bis zum ersten
Ausfall; MTTFF.

Multilaterale Vereinbarung
Vereinbarung, bei der mehr als zwei Seiten Konformitätsbewertungsergebnisse
gegenseitig anerkennen oder übernehmen.

[aus DIN EN ISO/IEC 17000:2005-03]

Multilateral arrangement
Arrangement whereby more than two
parties recognize or accept one another's
conformity assessment results.

[from ISO/IEC 17000:2004-11]

Multivariate Qualitätsregelkarte

Qualitätsregelkarte, in die für jede Untergruppe ein Kennwert eingetragen wird, der aus zwei oder mehr wechselseitig korrelierten Variablen abgeleitet wird.

[übersetzt aus ISO/DIS 3534-2:2004-06]

Multivariate control chart

Control chart in terms of the responses of two or more mutually correlated variates combined as a single statistic for each sub-group.

[from ISO/DIS 3534-2:2004-06]

Muster

Materielle Einheit, die einer Qualitätsprüfung aus besonderem Anlass unterzogen oder im Rahmen einer Qualitätsprüfung benötigt wird.

[aus DIN 55350-15:1986-02]

Model (prototype)

Material item which is subjected to quality inspection for a particular reason or which is needed for quality inspection.

[translated from DIN 55350-15:1986-02]

Musterprüfung

Qualitätsprüfung an einem Muster.

[aus DIN 55350-17:1988-08]

Model (prototype) inspection

Quality inspection of a model (prototype).

[translated from DIN 55350-17:1988-08]

Nacharbeit

Maßnahme an einem fehlerhaften Produkt, damit es die Anforderungen erfüllt.

[aus DIN EN ISO 9000:2005]

Rework

Action on a nonconforming product to make it conform to the requirements.

[from ISO 9000:2005]

Nationale Gleichbehandlung

Für Produkte oder Prozesse aus anderen Ländern vorgesehene Behandlung, die nicht nachteiliger ist als diejenige für gleichartige Produkte oder Prozesse nationalen Ursprungs in einer vergleichbaren Situation.

[aus DIN EN ISO/IEC 17000:2005-03]

National treatment

Treatment accorded to products or processes originating in other countries that is no less favourable than that accorded to like products or processes of national origin, in a comparable situation.

[from ISO/IEC 17000:2004-11]

Nebenfehler

Fehler, der voraussichtlich die Brauchbarkeit für den vorgesehenen Verwendungszweck nicht wesentlich herabsetzt, oder ein Abweichen von den geltenden Festlegungen, das den Gebrauch oder Betrieb der Einheit nur geringfügig beeinflusst.

[aus DIN 55350-31:1985-12]

Minor nonconformity

Nonconformity which is not likely to considerably reduce suitability for intended use, or a deviation from specifications which will influence the use or operation of the item only slightly.

[translated from DIN 55350-31:1985-12]

Nennwert
Wert eines quantitativen Merkmals zur
Gliederung des Anwendungsbereichs.

[aus DIN 55350-12:1989-03]

Nominal value
Value of a quantitative characteristic used
to divide up the range of application.

[translated from DIN 55350-12:1989-03]

Neueinstufung
Änderung der Anspruchsklasse eines
fehlerhaften Produkts, damit es Anforderungen erfüllt, die von den ursprünglichen
abweichen.

[aus DIN EN ISO 9000:2005]

Regrade
Alteration of the grade of a nonconforming
product in order to make it conform to requirements differing from the initial ones.

[from ISO 9000:2005]

Nichtauftragsbezogenes Prüfergebnis
... Prüfergebnis, erzielt an Produkten, die
unter gleichen Bedingungen entstanden
sind wie die Produkte, die zum Auftrag
gehören.

[aus DIN 55350-18:1987-07]

Non-specific inspection result
... an inspection result obtained for products produced under the same conditions
as the products ordered.

[translated from DIN 55350-18:1987-07]

Nichtbeherrschungskriterien
Satz von Entscheidungsregeln zur Erken-
nung des Vorhandenseins besonderer
Ursachen.

[aus E DIN ISO 21747:2004-09]

Out-of-control criteria
Set of decision rules for identifying the
presence of special causes.

[from ISO/DIS 21747:2003-08]

Niveau eines Bewertungskriteriums
Die Position auf einer Maßskala für ein
Funktionen-Bewertungskriterium.

[aus DIN EN 1325-1:1996-11]

Level of an evaluation criterion
Position on the scale of measurement for
a function evaluation criterion.

[from EN 1325-1:1996-09]

Nominalmerkmal
Qualitatives Merkmal, für dessen Werte
keine Ordnungsbeziehung besteht.

[aus DIN 55350-12:1989-03]

Nominal characteristic
Qualitative characteristic for whose values
no order exists.

[translated from DIN 55350-12:1989-03]

Nominalskala
Skala, die ungeordnete gekennzeichnete
Kategorien enthält oder die durch Über-
einkunft geordnet ist.

[übersetzt aus ISO/DIS 3534-2:2004-06]

Nominal scale
Scale with unordered labelled categories
or ordered by convention.

[from ISO/DIS 3534-2:2004-06]

Normal; Messnormal
Messgerät, Messeinrichtung oder Referenzmaterial, die den Zweck haben, eine Einheit oder einen oder mehrere bekannte Werte einer Größe darzustellen, zu bewahren oder zu reproduzieren, um diese an andere Messgeräte durch Vergleich weiterzugeben.

[aus DIN 1319-1:1995-01]

Measurement Standard
Measuring instrument, system or reference material used to define, conserve or reproduce a unit or one or more known values of a quantity for comparison or reference.

[translated from DIN 1319-1:1995-01]

Normale Prüfung
Anwendung einer Stichprobenanweisung mit einem Annahmekriterium, das darauf ausgerichtet ist, dem Hersteller eine hohe Annahmewahrscheinlichkeit zu sichern, wenn die mittlere Qualitätslage des Prozesses des Prüfloses besser ist als die annehmbare Qualitätsgrenzlage.

[aus DIN ISO 2859-1:2004-01]

Normal inspection
Use of a sampling plan with an acceptance criterion that has been devised to secure the producer a high probability of acceptance when the process average of the lot is better than the acceptance quality limit.

[from ISO 2859-1:1999]

Nutzer
Jede Person oder Organisation, für die das Produkt gestaltet wird und die zu irgendeinem Zeitpunkt des Produkt-Lebenszyklus zumindest eine der Funktionen des Produktes nutzt.

[aus DIN EN 1325-1:1996-11]

User
Any person or organisation for which the product is designed and which exploits at least one of its functions at any time during its life cycle.

[from EN 1325-1:1996-09]

Nutzerbezogene Funktion
Erwartete oder erbrachte Wirkung eines Produktes, um einen Teil des Bedürfnisses eines bestimmten Nutzers zu erfüllen.

[aus DIN EN 1325-1:1996-11]

User related function
Effect expected of a product, or performed by it, in order to meet a part of the need of a definite user.

[from EN 1325-1:1996-09]

Obere Grenzabweichung
Höchstwert minus Bezugswert.

[aus DIN 55350-12:1989-03]

Upper limiting deviation
Upper specified limit minus the reference value.

[translated from DIN 55350-12:1989-03]

Oberer Anteil fehlerhafter Einheiten; p_U
Anteil der Werte der Verteilung eines Merkmals, die größer sind als der Höchstwert U.

[aus E DIN ISO 21747:2004-09]

Upper fraction nonconforming; p_U
Fraction of the distribution of a characteristic that is greater than the upper specification limit, U.

[from ISO/DIS 21747:2003-08]

Oberer Bezugsbereich

Durch das 99,865-%-Quantil, $X_{99,865\%}$, und das 50-%-Quantil, $X_{50\%}$, begrenzter Bezugsbereich, ausgedrückt durch die Differenz $X_{99,865\%} - X_{50\%}$.

[aus E DIN ISO 21747:2004-09]

Upper reference interval

Interval bounded by the 99,865% distribution fractile, $X_{99,865\%}$, and the 50% distribution fractile, $X_{50\%}$, expressed by $X_{99,865\%} - X_{50\%}$.

[from ISO/DIS 21747:2003-08]

Oberer potenzieller Prozessleistungsindex

Kennzahl, die die Prozessleistung in Bezug auf den Höchstwert beschreibt.

[aus E DIN ISO 21747:2004-09]

Upper process performance index

Index describing process performance in relation to the upper specification limit.

[from ISO/DIS 21747:2003-08]

Oberer Prozessfähigkeitsindex

Kennzahl, die die Prozessfähigkeit in Bezug auf den Höchstwert beschreibt.

[aus E DIN ISO 21747:2004-09]

Upper process capability index

Index describing process capability in relation to the upper specification limit.

[from ISO/DIS 21747:2003-08]

Oberste Leitung

Person oder Personengruppe, die eine Organisation auf der obersten Ebene leitet und lenkt.

[aus DIN EN ISO 9000:2005]

Top management

Person or group of people who directs and controls an organization at the highest level.

[from ISO 9000:2005]

Objektiver Nachweis

Daten, welche die Existenz oder Wahrheit von etwas bestätigen.

[aus DIN EN ISO 9000:2005]

Objective evidence

Data supporting the existence or verity of something.

[from ISO 9000:2005]

Operationscharakteristik

<Annahmestichprobenprüfung>
Kurve, die für einen gegebenen Annahmestichprobenplan den Zusammenhang zwischen der Annahmewahrscheinlichkeit des Produkts und der Eingangsqualitätslage zeigt.

[übersetzt aus ISO/DIS 3534-2:2004-06]

Operating characteristic curve

<acceptance sampling>
Curve showing the relationship between probability of acceptance of product and the incoming quality level for a given acceptance sampling plan.

[from ISO/DIS 3534-2:2004-06]

Ordinalmerkmal
Qualitatives Merkmal, für dessen Merkmalswerte eine Ordnungsbeziehung besteht.

[aus DIN 55350-12:1989-03]

Ordinal characteristic
Qualitative characteristic for which there is an ordering relation for its characteristic values.

[translated from DIN 55350-12:1989-03]

Ordinalskala
Skala mit geordneten und gekennzeichneten Kategorien.

[übersetzt aus ISO/DIS 3534-2:2004-06]

Ordinal scale
Scale with ordered labelled categories.

[from ISO/DIS 3534-2:2004-06]

Organisation
Gruppe von Personen und Einrichtungen mit einem Gefüge von Verantwortungen, Befugnissen und Beziehungen.

[aus DIN EN ISO 9000:2005]

Organization
Group of people and facilities with an arrangement of responsibilities, authorities and relationships.

[from ISO 9000:2005]

Organisationsstruktur
Gefüge von Verantwortungen, Befugnissen und Beziehungen zwischen Personen.

[aus DIN EN ISO 9000:2005]

Organizational structure
Arrangement of responsibilities, authorities and relationships between people.

[from ISO 9000:2005]

Orientierung
Teil der Identität, der eine eindeutige, hinreichend stabile, hinreichend justierte und von dem Unternehmen als positiv eingeschätzte Vorstellung und/oder Vorgabe eines Werts und/oder einer Richtung auf Grund von subjektiven und/oder objektiven Maßstäben darstellt.

[aus „Orientierung in Identität"]

ANMERKUNG   Im Qualitätsmanagement ist „Unternehmen" durch „Organisation" zu ersetzen.

Orientation; Business orientation
Part of the identity which represents a distinct, sufficiently stable, sufficiently adjusted conception of a value and/or a setting for this value and/or direction which is seen by the company as being positive and which is based on subjective and/or objective criteria.

[translated from "Orientierung in Identität"]

NOTE   In quality management, the term "organization" is to be used in place of "company".

Orientierungshierarchie
Ordnung der Orientierungsebenen so, dass durchgängig eindeutig die Rangordnung oder die Prioritätenreihenfolge ausgedrückt ist. Die Orientierungshierarchie ordnet den Orientierungskanon.

[aus „Orientierung in Identität"]

Hierarchy of orientations
Ordering of orientations in a manner which consistently and clearly expresses their ranking or order of priority. The canon of orientations is based on this hierarchy.

[translated from "Orientierung in Identität"]

Orientierungskanon
Gesamtheit aller Orientierungen, die die
Organisation für sich als gültig einstuft.

[sinngemäß aus „Orientierung in Identität"]

Canon of orientations
All orientations which the organization
considers as being applicable.

[translated in accordance with "Orientierung in Identität"]

Packungseinheit
Durch Verpackung abgeteilte Teilgesamtheit von natürlichen Einheiten, Massen-
guteinheiten oder Endlosguteinheiten.

[aus DIN 55350-14:1985-12]

Packaging item
A subpopulation of natural items, items
of bulk material, or items of continuous
material split off by packaging.

[translated from DIN 55350-14:1985-12]

Periodische systematische Probe-
nahme
Systematische Probenahme von Auswahleinheiten in festen Abständen.

[aus DIN 55350-14:1985-12]

Periodic systematic sampling

Systematic sampling of sampling items at
fixed intervals.

[translated from DIN 55350-14:1985-12]

Pflichtenheft
Vom Auftragnehmer erarbeitete Realisie-
rungsvorgaben aufgrund der Umsetzung
des vom Auftraggeber vorgegebenen
Lastenheftes.

[aus DIN 69905:1997-05]

Functional specification
Specifications drawn up by the contractor
based on the requirement specification/
user's specifications.

[translated from DIN 69905:1997-05]

Politik
<Reklamationsbearbeitung>
Übergeordnete Absichten und Ausrichtung einer Organisation zur Reklamationsbearbeitung, wie sie von der obersten Leitung formell ausgedrückt wurden.

[aus DIN ISO 10002:2005-04]

Policy
<Complaints-handling>
Overall intentions and direction of the organization related to complaints handling,
as formally expressed by top management.

[from ISO 10002:2004-07]

Potenzieller Prozessleistungsindex
Kennzahl, die die Prozessleistung in
Bezug auf eine festgelegte Toleranz be-
schreibt.

[aus E DIN ISO 21747:2004-09]

Process performance index
Index describing process performance in
relation to specified tolerance.

[from ISO/DIS 21747:2003-08]

Präzision

Grad der Übereinstimmung zwischen voneinander unabhängigen Ermittlungsergebnissen (einschließlich Messergebnissen), die unter festgelegten Bedingungen ermittelt wurden.

[übersetzt aus ISO/DIS 3534-2:2004-06]

Precision

Closeness of agreement between independent test/measurement results obtained under stipulated conditions.

[from ISO/DIS 3534-2:2004-06]

Probenahme; Stichprobenentnahme

<allgemein>

Der Vorgang des Entnehmens und Zusammenstellens einer Stichprobe.

[übersetzt aus ISO/DIS 3534-2:2004-06]

Sampling

<general>

Act of drawing or constituting a sample.

[from ISO/DIS 3534-2:2004-06]

Probenahme

<Konformitätsbewertung>

Bereitstellung einer Probe des Gegenstandes der Konformitätsbewertung nach einem Verfahren.

[aus DIN EN ISO/IEC 17000:2005-03]

Sampling

<Conformity assessment>

Provision of a sample of the object of conformity assessment, according to a procedure.

[from ISO/IEC 17000:2004-11]

Probenahme mit Zurücklegen

Probenahme, bei der jede entnommene Stichprobeneinheit, nachdem sie untersucht wurde, in die Grundgesamtheit zurückgetan wird, bevor die nächste Stichprobeneinheit entnommen wird.

[übersetzt aus ISO/DIS 3534-2:2004-06]

Sampling with replacement

Sampling in which each sampling item taken and observed is returned to the population before the next sampling item is taken.

[from ISO/DIS 3534-2:2004-06]

Probenahme ohne Zurücklegen

Probenahme, bei der jede Stichprobeneinheit nur einmal entnommen wird, ohne in die Grundgesamtheit zurückgetan zu werden.

[übersetzt aus ISO/DIS 3534-2:2004-06]

Sampling without replacement

Sampling in which each sampling item is taken from the population once only without being returned to the population.

[from ISO/DIS 3534-2:2004-06]

Produkt

Ergebnis eines Prozesses.

ANMERKUNG 1   Es gibt vier übergeordnete Produktkategorien:

–   Dienstleistungen (z. B. Transport);

–   Software (z. B. Rechnerprogramm, Wörterbuch);

Product

Result of a process.

NOTE 1   There are four generic product categories, as follows:

–   services (e.g. transport);

–   software (e.g. computer program, dictionary);

- Hardware (z. B. mechanisches Motor-
  teil);
- verfahrenstechnische Produkte (z. B.
  Schmiermittel).

Viele Produkte bestehen aus Elementen,
die zu verschiedenen übergeordneten
Produktkategorien gehören. Ob das
Produkt als Dienstleistung, Software,
Hardware oder verfahrenstechnisches
Produkt bezeichnet wird, hängt vom vor-
herrschenden Element ab. Zum Beispiel
besteht das Angebotsprodukt „Auto" aus
Hardware (z. B. den Reifen), verfahrens-
technischen Produkten (z. B. Kraftstoff,
Kühlflüssigkeit), Software (z. B. Motor-
steuerungssoftware, Betriebsanleitung)
und Dienstleistung (z. B. den vom Händler
gegebenen Erläuterungen zum Betrieb).

[aus DIN EN ISO 9000:2005]

- hardware (e.g. engine mechanical
  part);
- processed materials (e.g. lubricant).

Many products comprise elements
belonging to different generic product
categories. Whether the product is then
called service, software, hardware or
processed material depends on the
dominant element. For example the offered product "automobile" consists of
hardware (e.g. tyres), processed materials
(e.g. fuel, cooling liquid), software (e.g.
engine control software, driver's manual),
and service (e.g. operating explanations
given by the salesman).

[from ISO 9000:2005]

Produktbezogene Funktion

Wirkung eines Bestandteiles oder zwischen den Bestandteilen eines Produktes
zum Zweck der Erfüllung der nutzerbezogenen Funktionen.

[aus DIN EN 1325-1:1996-11]

Product related function

The effect of a constituent or the effect
between the constituents of the product
for the purpose of performing user related
functions.

[from EN 1325-1:1996-09]

Produkterhaltung

Die Organisation muss die Konformität des Produkts während der internen
Verarbeitung und Auslieferung zum
vorgesehenen Bestimmungsort erhalten.
Diese Erhaltung muss die Kennzeichnung,
Handhabung, Verpackung, Lagerung und
den Schutz einschließen. Die Erhaltung
muss gleichermaßen für die Bestandteile
eines Produkts gelten.

[aus DIN EN ISO 9001:2000-12]

Preservation of product

The organization shall preserve the
conformity of product during internal
processing and delivery to the intended
destination. This preservation shall include identification, handling, packaging,
storage and protection. Preservation shall
also apply to the constituent parts of a
product.

[from ISO 9001:2000-12]

Produktkonfigurationsangaben

Anforderungen an Entwicklung, Realisierung, Verifizierung, an Funktionstüchtig-
keit und Unterstützung des Produkts.

[aus DIN ISO 10007:2004-12]

Product configuration information

Requirements for product design, realization, verification, operation and support.

[from ISO 10007:2003]

Produktmerkmal

Merkmal eines materiellen oder immateriellen Produktes.

[aus DIN 55350-33:1993-09]

Product characteristic

Characteristic of a material or immaterial product.

[translated from DIN 55350-33:1993-09]

Produktstatus

Siehe: Kennzeichnung und Rückverfolgbarkeit.

Produktvalidierung

Die Leitung sollte sicherstellen, dass die Validierung der Produkte darlegt, dass die Erfordernisse und Erwartungen der Kunden und anderer interessierter Parteien erfüllt werden.

[aus DIN EN ISO 9004:2000-12]

Product validation

Management should ensure that the validation of products demonstrates that they meet the needs and expectations of customers and other interested parties.

[from ISO 9004:2000-12]

Produktverhaltensprüfung

Qualitätsprüfung zur Gewinnung von Kenntnissen über das Produktverhalten nach Übergabe an den Abnehmer.

[aus DIN 55350-17:1988-08]

Inspection of product behavior

Quality inspection carried out to gain information on product behaviour after delivery to the purchaser.

[translated from DIN 55350-17:1988-08]

Projekt

Einmaliger Prozess, der aus einem Satz von abgestimmten und gelenkten Tätigkeiten mit Anfangs- und Endterminen besteht und durchgeführt wird, um unter Berücksichtigung von Zwängen bezüglich Zeit, Kosten und Ressourcen ein Ziel zu erreichen, das spezifische Anforderungen erfüllt.

[aus DIN EN ISO 9000:2005]

Project

Unique process, consisting of a set of coordinated and controlled activities with start and finish dates, undertaken to achieve an objective conforming to specific requirements, including the constraints of time, cost and resources.

[from ISO 9000:2005]

Projektmanagement

Planen, Organisieren, Überwachen, Lenken und Berichten aller Aspekte eines Projekts und die Motivation aller daran Beteiligten, um die Projektziele zu erreichen.

[aus DIN-Fachbericht ISO 10006:2004]

Project management

Planning, organizing, monitoring, controlling and reporting of all aspects of a project and the motivation of all those involved in it to achieve the project objectives.

[from ISO 10006:2003]

Projektmanagementplan

Dokument, das festlegt, was erforderlich ist, um das Ziel bzw. die Ziele des Projekts zu erreichen.

[aus DIN-Fachbericht ISO 10006:2004]

Project management plan

Document specifying what is necessary to meet the objective(s) of the project.

[from ISO 10006:2003]

Prozess

Satz von in Wechselbeziehung oder Wechselwirkung stehenden Tätigkeiten, der Eingaben in Ergebnisse umwandelt.

[aus DIN EN ISO 9000:2005]

Process

Set of interrelated or interacting activities which transforms inputs into outputs.

[from ISO 9000:2005]

Prozessanalyse

Analyse zur Veranlassung von Maßnahmen in einem Ursache-Wirkung-System, um einen Prozess und/oder ein Produkt zu lenken und/oder zu verbessern.

[übersetzt aus ISO/DIS 3534-2:2004-06]

Process analysis

Study intended to give rise to action on a cause and effect system to control and/or improve a process or product (including service).

[from ISO/DIS 3534-2:2004-06]

Prozesseigenstreuung

Streuung (der Werte eines Prozessmerkmals) bei einem beherrschten Prozess.

[aus E DIN ISO 21747:2004-09]

Inherent process variation

Variation present when a process is operating in a state of statistical control.

[from ISO/DIS 21747:2003-08]

Prozessfähigkeit

Statistischer Schätzwert des Ergebnisses eines Merkmals eines Prozesses, von dem nachgewiesen ist, dass er beherrscht ist.

[aus E DIN ISO 21747:2004-09]

Process capability

Statistical estimate of the outcome of a characteristic from a process which has been demonstrated to be in a state of statistical control.

[from ISO/DIS 21747:2003-08]

Prozessfähigkeitsindex; C_p

Kennzahl, die die Prozessfähigkeit in Bezug auf eine festgelegte Toleranz beschreibt.

[aus E DIN ISO 21747:2004-09]

Process capability index; C_p

Index describing process capability in relation to specified tolerance.

[from ISO/DIS 21747:2003-08]

Prozessgesamtstreuung

Streuung (der Werte eine Prozessmerkmals) aufgrund besonderer Ursachen und zufälliger Ursachen.

[aus E DIN ISO 21747:2004-09]

Total process variation

Variation due to both special causes and common causes.

[from ISO/DIS 21747:2003-08]

Prozessleistung

Statistisches Maß für das Ergebnis eines Merkmals eines Prozesses, von dem möglicherweise nicht nachgewiesen ist, dass er beherrscht ist.

[aus E DIN ISO 21747:2004-09]

Process performance

Statistical measure of the outcome of a characteristic from a process which may not have been demonstrated to be in a state of statistical control.

[from ISO/DIS 21747:2003-08]

Prozessleistungsverhältnis; *PPR*

Kehrwert des potenziellen Prozessleistungsindexes.

[aus E DIN ISO 21747:2004-09]

Process performance ratio; *PPR*

Reciprocal of process performance index.

[from ISO/DIS 21747:2003-08]

Prozessmanagement

Koordinierte Maßnahmen, um Prozesse zu leiten und zu lenken.

[übersetzt aus ISO/DIS 3534-2:2004-06]

Process management

Coordinated activities to direct and control processes.

[from ISO/DIS 3534-2:2004-06]

Prozessmerkmal

Ein den Prozess kennzeichnendes Merkmal als ein Merkmal des Prozesses selbst oder als ein Merkmal eines Prozessergebnisses (Produktmerkmal), das mit dem Merkmal des Prozesses hinreichend korreliert ist.

[aus DIN 55350-33:1993-09]

Process characteristic

Characteristic which is a distinguishing feature of the process itself, or of a result of the process (product characteristic) which sufficiently correlates with the process characteristic.

[translated from DIN 55350-33:1993-09]

Prozessorientierter Ansatz

Ein erwünschtes Ergebnis lässt sich effizienter erreichen, wenn Tätigkeiten und dazugehörige Ressourcen als Prozess geleitet und gelenkt werden.

[aus DIN EN ISO 9004:2000-12]

Process approach

A desired result is achieved more efficiently when activities and related resources are managed as a process.

[from ISO 9004:2000-12]

Prozessorientierung

Gleichbedeutend mit: Prozessorientierter Ansatz.

Prozessprüfung

Qualitätsprüfung an einem Prozess bzw. an einer Tätigkeit anhand der Merkmale des Prozesses bzw. der Tätigkeit selbst.

[aus DIN 55350-17:1988-08]

Process inspection

Quality inspection of a process or an activity performed on the basis of the characteristics of that process or activity.

[translated from DIN 55350-17:1988-08]

Prozesstoleranz	**Process tolerance**
Toleranz für das Merkmal eines Prozesses.	Tolerance for a process characteristic.
[aus DIN 55350-12:1989-03]	[translated from DIN 55350-12:1989-03]

Prüfablaufplan
Prüfplan mit Festlegungen zur Abfolge von Prüfungen.

[aus E DIN 55350-11:2004-03]

Inspection schedule
Inspection plan establishing the sequence of inspections.

[translated from E DIN 55350-11:2004-03]

Prüfanweisung
Prüfplan mit Festlegungen zu Prüftätigkeiten und Prüfprozessen.

[aus E DIN 55350-11:2004-03]

Inspection procedure
Inspection plan specifying inspection activities and processes.

[translated from E DIN 55350-11:2004-03]

Prüfauftrag
Für den konkreten Einzelfall erteilter Auftrag, eine Prüfung durchzuführen.

[aus E DIN 55350-11:2004-03]

Inspection instruction
Instruction for a quality inspection to be performed in a single, specific case.

[translated from E DIN 55350-11:2004-03]

Prüfbeauftragter
Zur Beurteilung der Prüfergebnisse Befähigter, der die Erfüllung der Qualitätsforderung im Hinblick auf die speziellen Qualitätsmerkmale feststellt und bestätigt.

[aus DIN 55350-18:1987-07]

Authorized inspector
A person qualified to assess the results of inspection, who establishes and confirms that the quality requirements have been met in respect of the specific quality characteristics.

[translated from DIN 55350-18:1987-07]

Prüfbericht
Dokument, das die Ergebnisse einer Prüfung und andere, für die Prüfung relevante Informationen enthält.

[aus DIN EN 45020:1998-07]

Test report
Document that presents test results and other information relevant to a test.

[from EN 45020:1998]

Prüfen
<Konformitätsbewertung>
Ermittlung eines oder mehrerer Merkmale an einem Gegenstand der Konformitätsbewertung nach einem Verfahren.

[aus DIN EN ISO/IEC 17000:2005-03]

Testing
<Conformity assessment>
Determination of one or more characteristics of an object of conformity assessment, according to a procedure.

[from ISO/IEC 17000:2004-11]

Prüfer

Person mit relevanten fachlichen und
persönlichen Qualifikationen, die fähig
ist, eine Prüfung durchzuführen und das
Ergebnis zu beurteilen.

[aus DIN EN ISO/IEC 17024:2003-10]

Examiner

Person with relevant technical and
personal qualifications, competent to conduct and/or score an examination.

[from ISO/IEC 17024:2003]

Prüfkosten

Kosten, die durch planmäßige Prüfungen
verursacht sind, die keinen konkreten
Fehler zum Anlass haben.

[aus E DIN 55350-11:2004-03]

Inspection costs

Costs incurred by scheduled inspections
which are not carried out due to the dis-
covery of a nonconformity.

[translated from E DIN 55350-11:2004-03]

Prüfmerkmal

Merkmal, anhand dessen eine Prüfung
durchgeführt wird.

[aus DIN 55350-12:1989-03]

Inspected characteristic

Characteristic upon which an inspection
is based.

[translated from DIN 55350-12:1989-03]

Prüfplan

Spezifikation einer oder mehrerer Prüfungen.

[aus E DIN 55350-11:2004-03]

Inspection plan

Specification for one or more inspections.

[translated from E DIN 55350-11:2004-03]

Prüfplanung

Planung von Prüfungen.

[aus E DIN 55350-11:2004-03]

Inspection planning

Planning of inspections.

[translated from E DIN 55350-11:2004-03]

Prüfspezifikation

Prüfplan mit Festlegungen zu Prüftechnik.

[aus E DIN 55350-11:2004-03]

Inspection specification

Inspection plan laying down the technical
aspects of the inspection.

[translated from E DIN 55350-11:2004-03]

Prüfstatus

Zustand einer Einheit bezüglich der Frage,
welche Prüfung(en) an dieser Einheit
durchgeführt wurde(n) und welche Ergebnisse dabei erzielt wurden.

[aus E DIN 55350-11:2004-03]

Inspection and test status

Status of an entity as regards to which
inspections it has been subjected to and
with which results.

[translated from E DIN 55350-11:2004-03]

Prüfung

<allgemein>

Technischer Vorgang, der aus dem Ermitteln eines oder mehrerer Merkmale eines

Test

<general>

Technical operation that consists of the
determination of one or more characteris-

Produkts, eines Prozesses oder einer Dienstleistung nach einem festgelegten Verfahren besteht [ISO/IEC Guide 2, 13.1].

[aus DIN EN 45020:1998-07]

tics of a given product, process or service according to a specified procedure [ISO/IEC Guide 2, 13.1].

[from EN 45020:1998]

Prüfung

<Kandidaten>

Teil der Evaluierung, mit dem die Kompetenz eines Kandidaten durch eine oder mehrere Möglichkeiten, z. B. schriftlich, mündlich, praktisch und beobachtend, festgestellt wird.

[aus DIN EN ISO/IEC 17024:2003-10]

Examination

<Candidates>

Mechanism that is part of the evaluation, which measures a candidate's competence by one or more means such as written, oral, practical and observational.

[from ISO/IEC 17024:2003]

Prüfung

<Annahmestichprobenprüfung>

Tätigkeiten wie Messen, Untersuchen, Ermitteln oder Lehren eines oder mehrerer Merkmale einer Einheit sowie Vergleichen der Ergebnisse mit festgelegten Anforderungen mit dem Ziel festzustellen, ob für jedes Merkmal Erfüllung der Anforderung erreicht ist.

[aus DIN ISO 2859-1:2004-01]

Inspection

<Acceptance sampling>

Activity such as measuring, examining, testing or gauging one or more characteristics of a product or service, and comparing the results with specified requirements in order to establish whether conformity is achieved for each characteristic.

[from ISO 2859-1:1999]

Prüfung; Inspektion

Konformitätsbewertung durch Beobachten und Beurteilen, begleitet – soweit zutreffend – durch Messen, Testen oder Vergleichen.

[aus DIN EN ISO 9000:2005]

Inspection

Conformity evaluation by observation and judgement accompanied as appropriate by measurement, testing or gauging.

[from ISO 9000:2005]

Prüfung anhand der Anzahl fehlerhafter Einheiten oder Fehler

Prüfung, wobei die Einheit in Bezug auf eine festgelegte Einzelanforderung oder auf eine Serie festgelegter Einzelanforderungen entweder in einfacher Weise als nicht fehlerhaft oder fehlerhaft klassifiziert, oder wobei die Anzahl der Fehler bei der Einheit gezählt wird.

[aus DIN ISO 2859-1:2004-01]

Inspection by attributes

Inspection whereby either the item is classified simply as conforming or nonconforming with respect to a specified requirement or set of specified requirements, or the number of nonconformities in the item is counted.

[from ISO 2859-1:1999]

QMB
Siehe: Beauftragter der obersten Leitung;
QMB; QM-Beauftragter.

QM-Beauftragter
Siehe: Beauftragter der obersten Leitung;
QMB; QM-Beauftragter.

QM-Element
Element des Qualitätsmanagements oder
eines QM-Systems.

[aus E DIN 55350-11:2004-03]

Quality management element
Element of quality management or a
qm-system.

[translated from E DIN 55350-11:2004-03]

QM-Handbuch
Siehe: Qualitätsmanagement-Handbuch;
QM-Handbuch.

QM-Plan
Siehe: Qualitätsmanagementplan; QM-
Plan.

QM-System
Siehe: Qualitätsmanagementsystem; QM-
System.

QM-System-Berater
Siehe: Berater für Qualitätsmanagementsysteme.

QM-System-Realisierung
Siehe: Qualitätsmanagementsystem-
Realisierung.

QRK
Siehe: Qualitätsregelkarte; QRK.

Qualifikation
<Darlegung>
Darlegung der persönlichen Eigenschaf-
ten, Ausbildung, Schulung und/oder
Arbeitserfahrung.

[aus DIN EN ISO/IEC 17024:2003-10]

Qualification
<demonstration>
Demonstration of personal attributes,
education, training and/or work experience.

[from ISO/IEC 17024:2003]

Qualifikationsprüfung

Feststellen, ob Qualifikation vorliegt.

[aus DIN 55350-17:1988-08]

Verification of qualification or competence

Establishing whether or not one is qualified or competent.

[translated from DIN 55350-17:1988-08]

Qualifizierungsprozess

Prozess zur Darlegung der Eignung, festgelegte Anforderungen zu erfüllen.

[aus DIN EN ISO 9000:2005]

Qualification process

Process to demonstrate the ability to fulfil specified requirements.

[from ISO 9000:2005]

Qualität

Grad, in dem ein Satz inhärenter Merkmale Anforderungen erfüllt.

[aus DIN EN ISO 9000:2005]

Quality

Degree to which a set of inherent characteristics fulfils requirements.

[from ISO 9000:2005]

Qualitatives Merkmal

Merkmal, dessen Werte einer Skala zugeordnet sind, auf der keine Abstände definiert sind.

[aus DIN 55350-12:1989-03]

Auch: Nicht-quantitatives Merkmal.

Qualitative characteristic

Characteristic whose values are assigned to a scale which does not have a defined spacing.

[translated from DIN 55350-12:1989-03]

Also: Non-quantitative characteristic.

Qualitätsaufzeichnung

Siehe: Aufzeichnung.

Qualitätsbezogene Kosten

Im Rahmen des Qualitätsmanagements entstehende Fehlerverhütungs-, Prüf- und Fehlerkosten.

[aus E DIN 55350-11:2004-03]

Quality-related costs

Costs incurred within the scope of quality management in the prevention of nonconformities, the performance of inspections and the correction of nonconformities.

[translated from E DIN 55350-11:2004-03]

Qualitätsdaten

Daten über die Qualität von Einheiten, über die bei der Ermittlung der Qualität angewendeten Qualitätsprüfungen und über die dabei herrschenden Randbedingungen sowie gegebenenfalls über die jeweils zugehörige Qualitätsanforderung.

[aus E DIN 55350-11:2004-03]

Quality-related data

Data relating to the quality of entities, to the inspections carried out to determine quality, to the relevant conditions and to the relevant quality requirements.

[translated from E DIN 55350-11:2004-03]

Qualitätselement
Beitrag zur Qualität einer Einheit.

[aus E DIN 55350-11:2004-03]

Quality element
Contribution to the quality of an entity.

[translated from E DIN 55350-11:2004-03]

Qualitätsfähigkeit
Eignung einer Organisation, eines Systems oder eines Prozesses zum Realisieren eines Produkts, das die Qualitätsanforderungen an dieses Produkt erfüllen wird.

[entsprechend DIN EN ISO 9000:2005]

Quality capability
Cability of an organization, system or process to realize a product that will fulfil the quality requirements for that product.

[in accordance with ISO 9000:2005]

Qualitätsfähigkeitskenngröße
Kenngröße für die Qualitätsfähigkeit.

[Definition des Autors]

Quality capability index
Index of quality capability.

[definition by the author]

Qualitätskennzahl
Relativer oder normierter Kennwert zur Beurteilung der Qualität, ermittelt entsprechend dem ausgewählten Kennzahlensystem.

[aus DIN 55350-33:1993-09]

Quality index
Relative or standard characteristic value used to assess quality, determined on the basis of the selected data system.

[translated from DIN 55350-33:1993-09]

Qualitätslage
<Annahmestichprobenprüfung>
Qualität, ausgedrückt als Anteil fehlerhafter Einheiten oder als Anzahl Fehler bezogen auf eine Anzahl Einheiten.

[übersetzt aus ISO/DIS 3534-2:2004-06]

Quality level
<Acceptance sampling>
Quality expressed as a rate of nonconforming items or rate of number of nonconformities.

[from ISO/DIS 3534-2:2004-06]

Qualitätslage zum Abnehmerrisiko; CRQ
Qualitätslage eines Prüfloses oder eines Prozesses, die bei der Stichprobenanweisung (auf der dazu gehörigen Operationscharakteristik) einem festgelegten Abnehmerrisiko entspricht.

[aus DIN ISO 2859-1:2004-01]

Consumer's risk quality; CRQ
Lot or process quality level that in the sampling plan corresponds to a specified consumer's risk.

[from ISO 2859-1:1999]

Qualitätslenkung
Teil des Qualitätsmanagements, der auf die Erfüllung von Qualitätsanforderungen gerichtet ist.

[aus DIN EN ISO 9000:2005]

Quality control
Part of quality management focused on fulfilling quality requirements.

[from ISO 9000:2005]

Qualitätsmanagement
Aufeinander abgestimmte Tätigkeiten zum
Leiten und Lenken einer Organisation
bezüglich Qualität.

[aus DIN EN ISO 9000:2005]

Quality management
Coordinated activities to direct and control an organization with regard to quality.

[from ISO 9000:2005]

**Qualitätsmanagement-Handbuch;
QM-Handbuch**
Dokument, in dem das Qualitätsmanagementsystem einer Organisation festgelegt
ist.

[aus DIN EN ISO 9000:2005]

Quality manual

Document specifying the quality management system of an organization.

[from ISO 9000:2005]

Qualitätsmanagementplan; QM-Plan
Dokument, das festlegt, welche Verfahren
und zugehörigen Ressourcen wann und
durch wen bezüglich eines spezifischen
Projekts, Produkts, Prozesses oder Ver-
trages angewendet werden müssen.

[aus DIN EN ISO 9000:2005]

Quality plan
Document specifying which procedures
and associated resources shall be applied
by whom and when to a specific project,
product, process or contract.

[from ISO 9000:2005]

**Qualitätsmanagementsystem;
QM-System**
Managementsystem zum Leiten und
Lenken einer Organisation bezüglich der
Qualität.

[aus DIN EN ISO 9000:2005]

Quality management system

Management system to direct and control
an organization with regard to quality.

[from ISO 9000:2005]

Qualitätsmanagementsystem-Berater
Siehe: Berater für Qualitätsmanagementsysteme.

**Qualitätsmanagementsystem-
Realisierung**
Prozess des Etablierens, Dokumentierens,
Einrichtens, Aufrechterhaltens und ständi-
gen Verbesserns eines Qualitätsmanage-
mentsystems.

[übersetzt aus ISO/FDIS 10019:2004-09]

**Quality management system
realization**
Process of establishing, documenting,
implementing, maintaining and continually
improving a quality management system.

[from ISO/FDIS 10019:2004-09]

Qualitätsmerkmal
Inhärentes Merkmal eines Produkts, Pro-
zesses oder Systems, das sich auf eine
Anforderung bezieht.

[aus DIN EN ISO 9000:2005]

Quality characteristic
Inherent characteristic of a product, process or system related to a requirement.

[from ISO 9000:2005]

Qualitätsplanung

Teil des Qualitätsmanagements, der auf das Festlegen der Qualitätsziele und der notwendigen Ausführungsprozesse sowie der zugehörigen Ressourcen zum Erreichen der Qualitätsziele gerichtet ist.

[aus DIN EN ISO 9000:2005]

Quality planning

Part of quality management focused on setting quality objectives and specifying necessary operational processes and related resources to fulfil the quality objectives.

[from ISO 9000:2005]

Qualitätspolitik

Übergeordnete Absichten und Ausrichtung einer Organisation zur Qualität, formell ausgedrückt durch die oberste Leitung.

[aus DIN EN ISO 9000:2005]

Quality policy

Overall intentions and direction of an organization related to quality as formally expressed by top management.

[from ISO 9000:2005]

Qualitätsprüfung

Feststellen, inwieweit eine Einheit die Qualitätsforderung erfüllt.

[aus DIN 55350-17:1988-08]

Quality inspection

Establishing the extent to which an entity fulfills quality requirements.

[translated from DIN 55350-17:1988-08]

Qualitätsprüf-Zertifikat

Bescheinigung über das Ergebnis einer Qualitätsprüfung, das gegenüber dem Abnehmer oder Auftraggeber als Nachweis über die Qualität eines Produkts dient.

[aus DIN 55350-18:1987-07]

Quality inspection certificate

Certificate attesting the results of a quality inspection which serves as verification to the purchaser or client of the quality of a product.

[translated from DIN 55350-18:1987-07]

Qualitätsregelkarte; QRK

Formular, in das statistische Kennwerte einer Serie von Stichproben in einer bestimmten Ordnung eingetragen werden, um den Prozess in Bezug auf diese Kennwerte zu überwachen und zu lenken und um die Streuung zu reduzieren.

[übersetzt aus ISO/DIS 3534-2:2004-06]

Control chart

Chart on which some statistical measure of a series of samples is plotted in a particular order to steer the process with respect to that measure and to control and reduce variation.

[from ISO/DIS 3534-2:2004-06]

Qualitätsregelkarte für einen gleitenden Stichprobenkennwert

Qualitätsregelkarte zur Überwachung eines Prozesses anhand eines gleitenden Stichprobenkennwertes.

[aus DIN 55350-33:1993-09]

Control chart with moving index

Control chart for monitoring a process by means of a moving index.

[translated from DIN 55350-33:1993-09]

Qualitätsregelkarte mit erweiterten Grenzen

Qualitätsregelkarte zur Überwachung eines Parameters der Wahrscheinlichkeitsverteilung eines Merkmals, mit dem Zweck festzustellen, ob der Wert des Parameters außerhalb eines vorgegebenen Bereiches liegt.

[aus DIN 55350-33:1993-09]

Control chart with expanded limits

Control chart for monitoring a parameter of the probability distribution of a characteristic in order to determine whether that parameter's value lies outside a given range.

[translated from DIN 55350-33:1993-09]

Qualitätssicherung

Teil des Qualitätsmanagements, der auf das Erzeugen von Vertrauen darauf gerichtet ist, dass Qualitätsanforderungen erfüllt werden.

[aus DIN EN ISO 9000:2005]

Quality assurance

Part of quality management focused on providing confidence that quality requirements will be fulfilled.

[from ISO 9000:2005]

Qualitätstechnik

Gesamtheit von Methoden, die im Qualitätsmanagement angewendet werden.

[aus E DIN 55350-11:2004-03]

Quality engineering

Overall methodology of quality management.

[translated from E DIN 55350-11:2004-03]

Qualitätsverbesserung

Teil des Qualitätsmanagements, der auf die Erhöhung der Eignung zur Erfüllung der Qualitätsanforderungen gerichtet ist.

[aus DIN EN ISO 9000:2005]

Quality improvement

Part of quality management focused on increasing the ability to fulfil quality requirements.

[from ISO 9000:2005]

Qualitätsziel

Etwas bezüglich Qualität Angestrebtes oder zu Erreichendes.

[aus DIN EN ISO 9000:2005]

Quality objective

Something sought, or aimed for, related to quality.

[from ISO 9000:2005]

Qualitätszirkel

Gruppe von Fachleuten zur Förderung der Qualität.

[Definition des Autors]

Quality circle

Group of experts promoting quality.

[definition by the author]

Quantitatives Merkmal

Merkmal, dessen Werte einer Skala zugeordnet sind, auf der Abstände definiert sind.

[aus DIN 55350-12:1989-03]

Quantitative characteristic

Characteristic whose values are assigned to a scale which has a defined spacing.

[translated from DIN 55350-12:1989-03]

Rangzahl
Nummer eines Beobachtungswertes in der nach aufsteigendem Zahlenwert geordneten Folge von Beobachtungswerten.

[aus DIN 55350-23:1983-04]

Rank
The number of an observed value, when the observed values are arranged in ascending numerical order.

[translated from DIN 55350-23:1983-04]

Reduzierte Prüfung
Anwendung einer Stichprobenanweisung mit einem Stichprobenumfang, der kleiner ist als derjenige für die entsprechende Stichprobenanweisung für normale Prüfung, und mit einem Annahmekriterium, das vergleichbar ist mit demjenigen für die entsprechende Stichprobenanweisung für normale Prüfung.

[aus DIN ISO 2859-1:2004-01]

Reduced inspection
Use of a sampling plan with a sample size that is smaller than that for the corresponding plan for normal inspection and with an acceptance criterion that is comparable to that for the corresponding plan for normal inspection.

[from ISO 2859-1:1999]

Regelgrenze
Linie in einer Qualitätsregelkarte, die zur Beurteilung der Stabilität des Prozesses herangezogen wird.

[übersetzt aus ISO/DIS 3534-2:2004-06]

Control limit
Line on a control chart used for judging the stability of a process.

[from ISO/DIS 3534-2:2004-06]

Regelkarte
Gleichbedeutend mit Qualitätsregelkarte; QRK.

Registrierung
Verfahren, nach dem eine Stelle relevante Merkmale eines Produktes, eines Prozesses oder einer Dienstleistung oder nähere Angaben über eine Stelle oder Person in einer geeigneten, der Öffentlichkeit zugänglichen Liste angibt.

[aus DIN EN 45020:1998-07]

Registration
Procedure by which a body indicates relevant characteristics of a product, process or service or particulars of a body or person, in an appropriate, publicly available list.

[from EN 45020:1998]

Reklamant
Person, Organisation oder deren Vertreter, die/der eine Reklamation geltend macht.

[aus DIN ISO 10002:2005-04]

Complainant
Person, organization or its representative, making a complaint.

[from ISO 10002:2004-07]

Reklamation
Ausdruck der Unzufriedenheit, die gegenüber einer Organisation in Bezug auf deren Produkte zum Ausdruck gebracht

Complaint
Expression of dissatisfaction made to an organization, related to its products, or the complaints-handling process itself,

wird, oder der Prozess zur Bearbeitung von Reklamationen selbst, wenn eine Reaktion beziehungsweise Klärung explizit oder implizit erwartet wird.

[aus DIN ISO 10002:2005-04]

where a response or resolution is explicitly or implicitly expected.

[from ISO 10002:2004-07]

Reparatur

<allgemein>

Maßnahme an einem fehlerhaften Produkt, um es für den beabsichtigten Gebrauch annehmbar zu machen.

[aus DIN EN ISO 9000:2005]

Repair

<general>

Action on a nonconforming product to make it acceptable for the intended use.

[from ISO 9000:2005]

Reparatur

<Zuverlässigkeit>

Teil der Instandsetzung, in dem manuelle Tätigkeiten an der Einheit ausgeführt werden.

[aus Internationales Elektrotechnisches Wörterbuch, Kapitel 191:1995]

Repair

<dependability>

That part of corrective maintenance in which manual actions are performed on the item.

[from IEC 50 (191):1990]

Richtiger Wert

Wert für Vergleichszwecke, dessen Abweichung vom wahren Wert für den Vergleichszweck als vernachlässigbar betrachtet wird.

[aus DIN 55350-13:1987-07]

Conventional true value

Value whose deviation from the true value is considered negligible for purposes of comparison.

[translated from DIN 55350-13:1987-07]

Richtigkeit

Grad der Übereinstimmung zwischen dem Erwartungswert eines Ermittlungsergebnisses (einschließlich Messergebnisses) und dem wahren Wert.

[übersetzt aus ISO/DIS 3534-2:2004-06]

Trueness

Closeness of agreement between the expectation of a test result or a measurement result and a true value.

[from ISO/DIS 3534-2:2004-06]

Ringversuch

Ein Versuch unter Labors, bei dem die Leistungsfähigkeit jedes Labors bei einem vereinheitlichten Messverfahren am identischen Material untersucht wird.

[aus DIN ISO 5725-1:1997-11]

Collaborative assessment experiment

An interlaboratory experiment in which the performance of each laboratory is assessed using the same standard measurement method on identical material.

[from ISO 5725-1:1994]

Rückmeldungen

Meinungen, Stellungnahmen und Interessenbekundungen zu den Produkten oder zum Prozess zur Reklamationsbearbeitung.

[aus DIN ISO 10002:2005-04]

Feedback

Opinions, comments and expressions of interest in the products or the complaints-handling process.

[from ISO 10002:2004-07]

Rückverfolgbarkeit

<allgemein>

Möglichkeit, den Werdegang, die Verwendung oder den Ort des Betrachteten zu verfolgen.

[aus DIN EN ISO 9000:2005]

Traceability

<general>

Ability to trace the history, application or location of that which is under consideration.

[from ISO 9000:2005]

Rückverfolgbarkeit

<Metrologie>

Die Rückverfolgbarkeit der Messung auf SI-Einheiten wird erreicht durch Bezugnahme auf ein entsprechendes Primärnormal oder eine Naturkonstante, deren Wert in SI-Einheiten bekannt ist und von der General Conference of Weights and Measures und dem International Committee for Weights and Measures empfohlen wird.

Wenn vereinbart, dürfen die in vertraglichen Situationen auf Konsens basierten Messnormale nur genutzt werden, wenn keine SI-Einheitsnormale oder anerkannte Naturkonstanten vorhanden sind.

[aus DIN EN ISO 10012:2004-03]

Traceability

<metrology>

Traceability to SI units of measurement shall be achieved by reference to an appropriate primary standard or by reference to a natural constant, the value of which in terms of the relevant SI units is known and recommended by the General Conference on Weights and Measures and the International Committee for Weights and Measures.

Where agreed to, consensus standards used in contractual situations shall only be used when SI unit standards or recognized natural constants do not exist.

[from ISO 10012:2003]

Rückweisewahrscheinlichkeit

Wahrscheinlichkeit, mit der ein Prüflos aufgrund einer Stichprobenanweisung rückgewiesen wird.

[aus DIN 55350-31:1985-12]

Probability of rejection

Probability that an inspected lot will be rejected on the basis of a sampling plan.

[translated from DIN 55350-31:1985-12]

Rückweisezahl

In Stichprobenanweisungen zur Attributprüfung festgelegte niedrigste Anzahl fehlerhafter Einheiten oder festgelegte niedrigste Anzahl von Fehlern in den Stichproben, bei denen das Prüflos rückgewiesen wird.

[aus DIN 55350-31:1985-12]

Rejection number

In a sampling plan used in inspection by attributes, the lowest established number of nonconforming entities, or the lowest established number of nonconformities in the sample, on the basis of which an inspected lot is rejected.

[translated from DIN 55350-31:1985-12]

Rückweisung

Feststellung, dass Kriterien für die Annehmbarkeit des Prüfloses nicht erfüllt sind.

[aus DIN 55350-31:1985-12]

Rejection

Decision that the criteria for accepting an inspected lot are not fulfilled.

[translated from DIN 55350-31:1985-12]

Rückzuweisende Qualitätsgrenzlage; LQ

Für den Fall der Betrachtung eines einzelnen Prüfloses eine Qualitätslage, die für den Zweck der Stichprobenprüfung auf eine kleine Annahmewahrscheinlichkeit begrenzt ist.

[aus DIN ISO 2859-1:2004-01]

Limiting quality; LQ

When a lot is considered in isolation, a quality level which for the purposes of sampling inspection is limited to a low probability of acceptance.

[from ISO 2859-1:1999]

Sachbezogener Ansatz zur Entscheidungsfindung

Wirksame Entscheidungen beruhen auf der Analyse von Daten und Informationen.

[aus DIN EN ISO 9004:2000-12]

Factual approach to decision making

Effective decisions are based on the analysis of data and information.

[from ISO 9004:2000-12]

Sachkundiger

<Audit>

Person, die spezielle Kenntnisse oder Fachwissen dem Auditteam zur Verfügung stellt.

[aus DIN EN ISO 9000:2005]

Technical expert

<audit>

Person who provides specific knowledge or expertise to the audit team.

[from ISO 9000:2005]

Sammelprobe

Probe, die durch Zusammenfassung von Einzelproben oder Teilproben entsteht.

[aus DIN 55350-14:1985-12]

Bulk sample; Gross sample

A sample produced by grouping together increments or divided samples.

[translated from DIN 55350-14:1985-12]

Schätzer

Kenngröße, die zur Schätzung eines Parameters verwendet wird.

[übersetzt aus ISO/DIS 3534-1:2004-07]

Estimator

Statistic used in estimation of the parameter θ.

[from ISO/DIS 3534-1:2004-07]

Schätzwert

Beobachteter Wert eines Schätzers.

[übersetzt aus ISO/DIS 3534-1:2004-07]

Estimate

Observed value of an estimator.

[from ISO/DIS 3534-1:2004-07]

Selbstbewertung
Hierbei handelt es sich um eine sorgfältige, üblicherweise von der Leitung der Organisation selbst vorgenommene Beurteilung, die zu einer Ansicht oder einem Urteil über die Wirksamkeit und Effizienz der Organisation und den Reifegrad des Qualitätsmanagementsystems führt.

[aus DIN EN ISO 9004:2000-12]

Self-assessment
This is a careful evaluation, usually performed by the organization's own management, that results in an opinion or judgement of the effectiveness and efficiency of the organization and the maturity of the quality management system.

[from ISO 9004:2000-12]

Selbstprüfung

Teil der zur Qualitätslenkung erforderlichen Qualitätsprüfung, der vom Bearbeiter selbst ausgeführt wird.

[aus DIN 55350-17:1988-08]

Inspection by the operator; Self-inspection
Quality inspection carried out by the operator as part of quality control.

[translated from DIN 55350-17:1988-08]

Sequentielle Stichprobenprüfung

Annahmestichprobenprüfung, bei der, nachdem eine Einheit geprüft wurde, aufgrund der bis dahin kumulierten Erkenntnisse aus den Stichproben die Entscheidung getroffen wird, das Los anzunehmen oder das Los nicht anzunehmen oder eine weitere Einheit zu prüfen.

[übersetzt aus ISO/DIS 3534-2:2004-06]

Sequential acceptance sampling inspection
Acceptance sampling inspection in which, after each item has been inspected, the decision to accept the lot, not accept the lot, or to inspect another item is taken based on the cumulative sampling evidence to date.

[from ISO/DIS 3534-2:2004-06]

Shewhart-Qualitätsregelkarte
Qualitätsregelkarte mit Shewhart-Regelgrenzen, die in erster Linie dafür vorgesehen ist, zwischen derjenigen Streuung der eingetragenen Kennwerte, die auf zufällige Ursachen zurückzuführen ist, und derjenigen, die auf spezielle Ursachen zurückzuführen ist, zu unterscheiden.

[übersetzt aus ISO/DIS 3534-2:2004-06]

Shewhart control chart
Control chart with Shewhart control limits intended primarily to distinguish between variation in the plotted measure due to random causes and that due to special causes.

[from ISO/DIS 3534-2:2004-06]

Skala
Zweckmäßig geordneter Wertebereich eines Merkmals.

[aus DIN 55350-12:1989-03]

Scale
Range of values for a characteristic ordered for a particular purpose.

[translated from DIN 55350-12:1989-03]

Skip-lot-Stichprobenprüfung

Annahmestichprobenprüfung, bei der
einige Lose aus einer Serie ohne Prüfung
angenommen werden, wenn die Stich-
probenergebnisse für eine festgelegte
Anzahl unmittelbar vorangegangener Lose
festgelegte Kriterien erfüllen.

[übersetzt aus ISO/DIS 3534-2:2004-06]

**Skip-lot acceptance sampling
inspection**

Acceptance sampling inspection in which
some lots in a series are accepted without
inspection, when the sampling results for
a stated number of immediately preceding
lots meet stated criteria.

[from ISO/DIS 3534-2:2004-06]

Software
Siehe: Produkt, Anmerkung 1.

Sollmuster

Muster, das den Sollwert eines Qualitätsmerkmals verkörpert.

[aus DIN 55350-15:1986-02]

Nominal model (prototype)

Model (prototype) which represents the
nominal value for the quality characteristic.

[translated from DIN 55350-15:1986-02]

Sollwert

Bevorzugter Referenzwert eines Merkmals, der in einer Spezifikation angegeben
ist.

[übersetzt aus ISO/DIS 3534-2:2004-06]

Target value; Nominal value; T

Preferred or reference value of a characteristic stated in a specification.

[from ISO/DIS 3534-2:2004-06]

Sonderfreigabe

Erlaubnis, ein Produkt, das festgelegte
Anforderungen nicht erfüllt, zu gebrau-
chen oder freizugeben.

[aus DIN EN ISO 9000:2005]

Concession

Permission to use or release a product
that does not conform to specified requirements.

[from ISO 9000:2005]

Sozialaudit

Systematische Bewertung der Sozialper-
formance einer Organisation in Bezug auf
Standards und Erwartungshaltungen.

[aus Grünbuch CSR:2001]

Social audit

The systematic evaluation of an organisation's social impact in relation to standards and expectations.

[from Green Paper on CSR:2001]

Sozialberichterstattung

Berichte, die über die Ergebnisse einer
Bewertung der sozialen Auswirkungen
informieren.

[aus Grünbuch CSR:2001]

Social report

A document communicating the findings
of a social impact assessment.

[from Green Paper on CSR:2001]

Sozialgütesiegel

Textangaben und bildliche Angaben auf Produkten, die die Kaufentscheidungen der Verbraucher beeinflussen wollen durch Zusicherungen in Bezug auf die sozialen und ethischen Auswirkungen einer Geschäftstätigkeit auf andere Stakeholder.

[aus Grünbuch CSR:2001]

Social label

Words and symbols on products which seek to influence the purchasing decisions of consumers by providing an assurance about the social and ethical impact of a business process on other stakeholders.

[from Green Paper on CSR:2001]

Sozialkapital

Bestand an gemeinsamen Wertvorstellungen und gegenseitigem Vertrauen in einer Gemeinschaft. Sozialkapital ist eine Voraussetzung für Zusammenarbeit und organisiertes menschliches Verhalten, einschließlich der Geschäftstätigkeiten. Sozialkapital kann verändert werden, verloren gehen oder vermehrt werden, genau wie Finanzkapital.

[aus Grünbuch CSR:2001]

Social capital

The stock of shared meaning and trust in a given community. Social capital is a pre-requisite for co-operation and organised human behaviour, including business. Social capital can be transformed, consumed or replenished, just as financial capital.

[from Green Paper on CSR:2001]

Spannweiten-Karte

Qualitätsregelkarte für quantitative Merkmale zur Bewertung der Streuung anhand der Spannweiten von Untergruppen.

[übersetzt aus ISO/DIS 3534-2:2004-06]

Range control chart; R chart

Variables control chart for evaluating variation in terms of sub-group ranges.

[from ISO/DIS 3534-2:2004-06]

SPC

Siehe: Statistische Prozesslenkung; SPC.

Spezieller Prozess

Prozess, dessen qualitätsbezogenes Ergebnis durch Qualitätsprüfungen nicht oder nicht in vollem Umfang oder nur mit unverhältnismäßigem Aufwand oder nicht rechtzeitig festgestellt werden kann.

[aus E DIN 55350-11:2004-03]

Special process

Process for which the quality-related result cannot be, or cannot be fully determined by means of quality inspection, or can only be determined with an unreasonable amount of effort, or cannot be determined in a timely manner.

[translated from E DIN 55350-11:2004-03]

Spezifikation

Dokument, das Anforderungen festlegt.

[aus DIN EN ISO 9000:2005]

Specification

Document stating requirements.

[from ISO 9000:2005]

Spezifikation der funktionalen Leistungsmerkmale

Ein Dokument, mit dessen Hilfe der Antragsteller seine Bedürfnisse darstellt (oder jene, die ihm darzustellen aufgetragen wurden), und zwar in Bezug auf die nutzerbezogenen Funktionen und Vorgaben. Für jeden dieser Begriffe werden Bewertungskriterien und die zugehörigen Niveaus definiert, denen wiederum ein bestimmter Flexibilitätsgrad zugeordnet wird.

[aus DIN EN 1325-1:1996-11]

Functional performance specification; FPS

A document by which the enquirer expresses his needs (or those which he is instructed to express) in terms of user related functions and constraints. For each of these, evaluation criteria are defined together with their levels, a certain degree of flexibility being assigned to each one.

[from EN 1325-1:1996-09]

Spezifische Entität

Behandelter Gegenstand des Qualitätsmanagementplans.

[übersetzt aus ISO 10005:2005-06]

Specific case

Subject of the quality plan.

[from ISO 10005:2005-06]

Stabiler Prozess

Siehe: Beherrschter Prozess; Stabiler Prozess.

Stakeholder

Einzelpersonen, Gemeinschaften oder Organisationen, die die Geschäftstätigkeit eines Unternehmens beeinflussen oder von ihr beeinflusst werden. Es gibt interne Stakeholder (z. B. Belegschaft) und externe Stakeholder (z. B. Kunden, Zulieferer, Anteilseigner, Investoren, lokale Gemeinschaften).

[aus Grünbuch CSR:2001]

Stakeholder

An individual, community or organisation that affects, or is affected by, the operations of a company. Stakeholders may be internal (e.g. employees) or external (e.g. customers, suppliers, shareholders, financiers, the local community).

[from Green Paper on CSR:2001]

Standardabweichungskarte

Qualitätsregelkarte für quantitative Merkmale zur Bewertung der Streuung anhand der Standardabweichungen von Untergruppen.

[übersetzt aus ISO/DIS 3534-2:2004-06]

Standard deviation control chart; s chart

Variables control chart for evaluating variation in terms of sub-group standard deviations.

[from ISO/DIS 3534-2:2004-06]

Ständige Verbesserung

Wiederkehrende Tätigkeiten zur Erhöhung der Eignung, Anforderungen zu erfüllen.

[aus DIN EN ISO 9000:2005]

Continual improvement

Recurring activity to increase the ability to fulfil requirements.

[from ISO 9000:2005]

Statistik

Zweig der Mathematik, der die Sammlung und Auswertung solcher Daten behandelt, die aus zufälligen Ereignissen stammen oder in anderer Weise vom Zufall abhängen oder vom Zufall mit beeinflusst werden.

[Definition des Autors]

Statistics

Branch of mathematics which deals with the gathering and analysis of data relating to random events or data which are in some way dependent on or influenced by chance.

[definition by the author]

Statistische Prozesslenkung; SPC

Aktivitäten, die hauptsächlich statistische Verfahren anwenden, um die Streuung zu verringern und das Wissen über den Prozess zu verbessern und den Prozess in der gewünschten Weise zu lenken.

[übersetzt aus ISO/DIS 3534-2:2004-06]

Statistical process control; SPC

Activities focused on the use of statistical techniques to reduce variation increase knowledge about the process and steer the process in the desired way.

[from ISO/DIS 3534-2:2004-06]

Statistische Versuchsplanung; DoE

Strategie zur Planung von Versuchen mit statistischen Mitteln, so dass gültige und relevante Schlussfolgerungen effizient und ökonomisch erreicht werden können.

[In Anlehnung an ISO 3534-3:1999]

Design of experiments; DoE

Strategy of planning experiments by statistical means so that valid and relevant conclusions may be reached efficiently and economically.

[In conformance with ISO 3534-3:1999]

Statistischer Test

Verfahren, um zu entscheiden, ob eine Nullhypothese zu Gunsten einer Alternativhypothese zu verwerfen ist.

[übersetzt aus ISO/DIS 3534-1:2004-07]

Statistical test; Significance test

Procedure to decide if a null hypothesis is to be rejected in favour of an alternative hypothesis.

[from ISO/DIS 3534-1:2004-07]

Statistisches Prozessmanagement

Prozessmanagement für die Anwendung statistischer Verfahren auf die Planung, Lenkung und Verbesserung von Prozessen.

[übersetzt aus ISO/DIS 3534-2:2004-06]

Statistical process management

Process management related to the application of statistical methods to process planning, process control and process improvement.

[from ISO/DIS 3534-2:2004-06]

Statistisches Verfahren

Verfahren zum Sammeln, Analysieren und Interpretieren von Daten unter dem Einfluss des Zufalls.

[übersetzt aus ISO/DIS 3534-2:2004-06]

Statistical method

Method to collect, analyze and interpret data under the influence of randomness.

[from ISO/DIS 3534-2:2004-06]

Stichprobe
Satz von einer oder mehreren Einheiten, die aus einem Los entnommen sind mit dem Ziel, Information über das Los bereitzustellen.

[aus DIN ISO 2859-1:2004-01]

Sample
Set of one or more items taken from a lot and intended to provide information on the lot.

[from ISO 2859-1:1999]

Stichprobenanweisung
Zusammenstellung des anzuwendenden Stichprobenumfangs oder der anzuwendenden Stichprobenumfänge sowie der zugehörigen Annahmekriterien für das Prüflos.

[aus DIN ISO 2859-1:2004-01]

Sampling plan
Combination of sample size(s) to be used and associated lot acceptability criteria.

[from ISO 2859-1:1999]

Stichprobeneinheit
Auswahleinheit, die in die Stichprobe gelangt ist.

[aus DIN 55350-14:1985-12]

Sample item
Sampling item which enters the sample.

[translated from DIN 55350-14:1985-12]

Stichprobenentnahme
Siehe: Probenahme; Stichprobenentnahme.

Stichprobenplan
Zusammenstellung von Stichprobenanweisungen mit Regeln für den Wechsel von einer zu einer anderen Stichprobenanweisung.

[aus DIN ISO 2859-1:2004-01]

Sampling scheme
Combination of sampling plans with rules for changing from one plan to another.

[from ISO 2859-1:1999]

Stichprobenprüfung
Prüfung ausgewählter Einheiten aus der betrachteten Gesamtheit.

[übersetzt aus ISO/DIS 3534-2:2004-06]

Sampling inspection
Inspection of selected items in the group under consideration.

[from ISO/DIS 3534-2:2004-06]

Stichprobensystem
Zusammenstellung von Stichprobenanweisungen oder von Stichprobenplänen mit ihren eigenen Regeln für den Wechsel zwischen Stichprobenanweisungen, zusammen mit Stichprobenverfahren, eingeschlossen Kriterien, anhand derer geeignete Stichprobenanweisungen oder Stichprobenpläne ausgewählt werden können.

[aus DIN ISO 2859-1:2004-01]

Sampling system
Collection of sampling plans, or of sampling schemes, each with its own rules for changing plans, together with sampling procedures including criteria by which appropriate plans or schemes may be chosen.

[from ISO 2859-1:1999]

Stichprobenumfang
Anzahl der Einheiten in der Stichprobe.

[aus DIN ISO 2859-1:2004-01]

Sample size
Number of items in the sample.

[from ISO 2859-1:1999]

Störungsbaumanalyse
Gleichbedeutend mit: Fehlzustandsbaum-analyse.

Streuung
Unterschiede zwischen Werten eines Merkmals.

[aus E DIN ISO 21747:2004-09]

Variation
Differences between values of a charac-teristic.

[from ISO/DIS 21747:2003-08]

System
Satz von in Wechselbeziehung oder Wechselwirkung stehenden Elementen.

[aus DIN EN ISO 9000:2005]

System
Set of interrelated or interacting elements.

[from ISO 9000:2005]

Systematische Ergebnisabweichung
Abweichungskomponente, die im Laufe einer Anzahl von Ermittlungsergebnis-sen (einschließlich Messergebnissen) für dasselbe Merkmal oder dieselbe Größe konstant bleibt oder sich in einer vorher-sehbaren Weise ändert.

[übersetzt aus ISO/DIS 3534-2:2004-06]

Systematic error of result
Component of the error which, in the course of a number of test results or measurement results, for the same char-acteristic or quantity, remains constant or varies in a predictable manner.

[from ISO/DIS 3534-2:2004-06]

Systematische Probenahme
Probenahme nach einem methodischen Plan.

[übersetzt aus ISO/DIS 3534-2:2004-06]

Systematic sampling
Sampling according to a methodical plan.

[from ISO/DIS 3534-2:2004-06]

Systemorientierter Managementansatz
Erkennen, Verstehen, Leiten und Lenken von miteinander in Wechselbeziehung stehenden Prozessen als System trägt zur Wirksamkeit und Effizienz der Organisa-tion beim Erreichen ihrer Ziele bei.

[aus DIN EN ISO 9004:2000-12]

System approach to management
Identifying, understanding and managing interrelated processes as a system con-tributes to the organization's effectiveness and efficiency in achieving its objectives.

[from ISO 9004:2000-12]

Teilgesamtheit
Teil einer Grundgesamtheit.

[aus DIN 55350-14:1985-12]

Subpopulation
Part of a population.

[translated from DIN 55350-14:1985-12]

Teilnehmer; Teilnehmer an einem System oder Programm
Stelle, die nach den anzuwendenden Regeln arbeitet, ohne die Möglichkeit der Teilnahme an dem Management des Systems oder des Programmes zu haben.

[aus DIN EN ISO/IEC 17000:2005-03]

Participant; Participant in a system or scheme
Body that operates under the applicable rules without having the opportunity to take part in the management of the system or scheme.

[from ISO/IEC 17000:2004-11]

Teilprobe
Probe, die durch ein Probeteilungsverfahren aus Einzel- oder Sammelproben gewonnen wird.

[aus DIN 55350-14:1985-12]

Divided sample
Sample obtained by a sample-splitting method from increments or bulk samples.

[translated from DIN 55350-14:1985-12]

Test
<allgemein>
Ermitteln (der Merkmalswerte) eines oder mehrerer Merkmale nach einem Verfahren.

[aus DIN EN ISO 9000:2005]

Test
<general>
Determination of one or more characteristics according to a procedure.

[from ISO 9000:2005]

Test
<Statistik>
Siehe: Statistischer Test.

Toleranz
Höchstwert minus Mindestwert, und auch obere Grenzabweichung minus untere Grenzabweichung.

[aus DIN 55350-12:1989-03]

Tolerance
Upper specification limit minus the lower specification limit, or the upper limiting deviation minus the lower limiting deviation.

[translated from DIN 55350-12:1989-03]

Toleranzbereich
Bereich zugelassener Werte zwischen Mindestwert und Höchstwert.

[aus DIN 55350-12:1989-03]

Tolerance interval
Range of permissible values between the upper and lower specification limits.

[translated from DIN 55350-12:1989-03]

TQM
Siehe: Umfassendes Qualitätsmanagement; TQM.

Typprüfung
Siehe: Bauartprüfung; Typprüfung; Baumusterprüfung.

Typzulassung
Siehe: Bauartzulassung; Typzulassung.

Übereinkommensgruppe

Stellen, die Unterzeichner des Überein-
kommens sind, auf das sich die Vereinbarung gründet.

[aus DIN EN ISO/IEC 17000:2005-03]

Agreement group

Bodies that are signatories to the agreement on which an arrangement is based.

[from ISO/IEC 17000:2004-11]

Überlebenswahrscheinlichkeit

Wahrscheinlichkeit, dass eine Einheit eine
geforderte Funktion für ein gegebenes
Zeitintervall (t_1, t_2) erfüllen kann

[aus Internationales Elektrotechnisches
Wörterbuch, Kapitel 191:1995]

Reliability

The probability that an item can perform a
required function under given conditions
for a given time interval (t_1, t_2).

[from IEC 50 (191):1990]

Übernahme; Übernahme der Ergebnisse von Konformitätsbewertungen

Verwenden eines Konformitätsbewertungsergebnisses, das von einer anderen
Person oder Stelle vorgelegt wird.

[aus DIN EN ISO/IEC 17000:2005-03]

Acceptance; Acceptance of conformity assessment results

Use of a conformity assessment result
provided by another person or body.

[from ISO/IEC 17000:2004-11]

Übernahmevereinbarung

Vereinbarung, bei der beteiligte Stellen
die Ergebnisse der Konformitätsbewertung von anderen beteiligten Stellen dann
übernehmen, wenn anerkannt wurde,
dass diese mit äquivalenten, kompetent
angewandten Verfahren erzielt wurden.

[aus DIN V 55391:2003-06]

Acceptance arrangement

Arrangement in which participating bodies
agree to accept conformity assessment
results obtained by other participating
bodies, if it is acknowledged that these
results have been obtained using equiva-
lent, competent methods.

[translated from DIN V 55391:2003-06]

Überwachung

<Konformitätsbewertung>
Systematisch sich wiederholende Konfor-
mitätsbewertungstätigkeiten als Grundlage zur Aufrechterhaltung der Gültigkeit
einer Konformitätsaussage.

[aus DIN EN ISO/IEC 17000:2005-03]

Surveillance

<Conformity assessment>
Systematic iteration of conformity assessment activities as a basis for maintaining
the validity of the statement of conformity.

[from ISO/IEC 17000:2004-11]

Überwachung; Kontrolle

Manuell oder automatisch ausgeführte
Tätigkeit zur Beobachtung des Zustands
einer Einheit.

[aus Internationales Elektrotechnisches
Wörterbuch, Kapitel 191:1995]

Supervision; Monitoring

Activity, performed either manually or au-
tomatically, intended to observe the state
of an item.

[from IEC 50 (191):1990]

Umfang der Grundgesamtheit
(oder der Teilgesamtheit)
Anzahl der Einheiten in der Grundgesamtheit (oder Teilgesamtheit).

[aus DIN 55350-14:1985-12]

Population size (or subpopulation size)

Number of items in the population (or
subpopulation).

[translated from DIN 55350-14:1985-12]

Umfang der Teilgesamtheit
Siehe: Umfang der Grundgesamtheit (oder
der Teilgesamtheit).

Umfassende Gleichbehandlung
Für Produkte oder Prozesse aus anderen Ländern vorgesehene Behandlung,
die nicht nachteiliger ist als diejenige für
gleichartige Produkte oder Prozesse nationalen Ursprungs oder irgendeines anderen
Landes in einer vergleichbaren Situation.

[aus DIN EN ISO/IEC 17000:2005-03]

Equal and national treatment
Treatment accorded to products or processes originating in other countries that
is no less favourable than that accorded
to like products or processes of national
origin, or originating in any other country,
in a comparable situation.

[from ISO/IEC 17000:2004-11]

Umfassendes Qualitätsmanagement;
TQM
In allen Bereichen einer Organisation an-
gewendetes Qualitätsmanagement.

[aus E DIN 55350-11:2004-03]

Total quality management;
TQM
Quality management applied in all areas
of an organization.

[translated from E DIN 55350-11:2004-03]

Uneingeschränkte Zufallsprobenahme
Zufallsprobenahme, bei der jeder Kombi-
nation von n Auswahleinheiten die gleiche
Auswahlwahrscheinlichkeit zugeordnet ist.

[aus DIN 55350-14:1985-12]

Unrestricted random sampling
Random sampling in which each combination of n sampling items has the same
probability of being selected.

[translated from DIN 55350-14:1985-12]

Unerwünschte Funktion
Eine Funktion, die für den Nutzer eine
nachteilige Wirkung hat. Sie leistet einen
negativen Beitrag zum Wert des Produktes.

[aus DIN EN 1325-1:1996-11]

Undesirable function
Function which has an adverse effect for
the user. It has a negative contribution to
the value of the product.

[from EN 1325-1:1996-09]

Ungeschichtete Probenahme
Zufallsprobenahme aus der Grundgesamtheit.

[aus DIN 55350-14:1985-12]

Simple random sampling
Random sampling from the population.

[translated from DIN 55350-14:1985-12]

Unilaterale Vereinbarung
Vereinbarung, bei der eine Seite Konformitätsbewertungsergebnisse der anderen Seite anerkennt oder übernimmt.

[aus DIN EN ISO/IEC 17000:2005-03]

Unilateral arrangement
Arrangement whereby one party recognizes or accepts the conformity assessment results of another party.

[from ISO/IEC 17000:2004-11]

Unnötige Funktion
Eine Funktion, die keinen Beitrag zur Bedürfnisbefriedigung des Nutzers und damit keinen positiven Beitrag zum Wert des Produktes leistet.

[aus DIN EN 1325-1:1996-11]

Unnecessary function
Function that does not contribute to the satisfaction of the need of a user, and so has no positive contribution to the value of the product.

[from EN 1325-1:1996-09]

Unsicherheit
Siehe: 1) Ergebnisunsicherheit 2) Messunsicherheit.

Untere Grenzabweichung
Mindestwert minus Bezugswert.

[aus DIN 55350-12:1989-03]

Lower limiting deviation
Lower specification limit minus the reference value.

[translated from DIN 55350-12:1989-03]

Unterer Anteil fehlerhafter Einheiten; p_L
Anteil der Werte der Verteilung eines Merkmals, die kleiner sind als der Mindestwert L.

[aus E DIN ISO 21747:2004-09]

Lower fraction nonconforming; p_L
Fraction of the distribution of a characteristic that is less than the lower specification limit, L.

[from ISO/DIS 21747:2003-08]

Unterer Bezugsbereich
Durch das 50-%-Quantil, $X_{50\%}$, und das 0,135-%-Quantil, $X_{0,135\%}$, begrenzter Bezugsbereich, ausgedrückt durch die Differenz $X_{50\%} - X_{0,135\%}$.

[aus E DIN ISO 21747:2004-09]

Lower reference interval
Interval bounded by the 50% distribution fractile $X_{50\%}$ and the 0,135% distribution fractile, $X_{135\%}$ expressed by the difference, $X_{50\%} - X_{135\%}$.

[from ISO/DIS 21747:2003-08]

Unterer potenzieller Prozessleistungsindex
Kennzahl, die die Prozessleistung in Bezug auf den Mindestwert beschreibt.

[aus E DIN ISO 21747:2004-09]

Lower process performance index
Index describing process performance in relation to the lower specification limit.

[from ISO/DIS 21747:2003-08]

Unterer Prozessfähigkeitsindex
Kennzahl, die die Prozessfähigkeit in
Bezug auf den Mindestwert beschreibt.

[aus E DIN ISO 21747:2004-09]

Lower process capability index
Index describing process capability in
relation to the lower specification limit.

[from ISO/DIS 21747:2003-08]

Urwertkarte
Qualitätsregelkarte für quantitative Merkmale zur Beurteilung der Prozesslage
anhand einzelner Beobachtungen aus der
Stichprobe.

[übersetzt aus ISO/DIS 3534-2:2004-06]

Individual control chart; x control chart
Variables control chart for evaluating the
process level in terms of the individual
observations in the sample.

[from ISO/DIS 3534-2:2004-06]

Validierung
Bestätigung durch Bereitstellung eines
objektiven Nachweises, dass die Anforderungen für einen spezifischen beabsichtigten Gebrauch oder eine spezifische
beabsichtigte Anwendung erfüllt worden
sind.

[aus DIN EN ISO 9000:2005]

Validation
Confirmation, through the provision of
objective evidence, that the requirements
for a specific intended use or application
have been fulfilled.

[from ISO 9000:2005]

Value-Management; VM
Managementstil, der besonders geeignet
ist, Menschen zu motivieren, Fähigkeiten
zu entwickeln sowie Synergie und Innovation zu fördern, jeweils mit dem Ziel,
die Gesamtleistung einer Organisation zu
maximieren.

Auf der Führungsebene angewendet,
fußt Value-Management auf einer wert-
orientierten Organisationskultur unter
Berücksichtigung des Wertes sowohl
für Anspruchsgruppen (Stakeholder) als
auch für Kunden. Auf der Ausführungs-
ebene (projektorientierte Aktivitäten)
bringt Value-Management darüber hinaus
geeignete Methoden und Werkzeuge zur
Anwendung.

[aus DIN EN 1325-2:2004-11]

Value management; VM
Style of management, particularly dedi-
cated to motivate people, develop skills
and promote synergies and innovation,
with the aim of maximizing the overall
performance of an organization.

Applied at the Corporate level, Value Management relies on a value-based organi-
sational culture taking into account Value
for both stakeholders and customers.
At the operational level (project oriented
activities), it implies in addition the use of
appropriate methods and tools.

[from EN 1325-2:2004-09]

Value-Management-Programm
Geplante und strukturierte Menge von
Aktivitäten, die auf nachhaltige Weise die
Einführung, Entwicklung und Aufrechter-
haltung einer Value-Management-Politik
ermöglicht.

[aus DIN EN 1325-2:2004-11]

Value management programme
Planned and structured array of activities
which enables the development, implementation and maintenance of a Value
Management Policy in a sustainable
manner.

[from EN 1325-2:2004-09]

Value-Management-Studie
Anwendung von Value-Management auf ein spezifisches Objekt, das im Rahmen eines Value-Management-Programms festgelegt wurde. Sie kann die Anwendung einer oder mehrerer Methoden umfassen.

[aus DIN EN 1325-2:2004-11]

Value management study
Application of Value Management to a specific subject identified within a Value Management Programme which may involve the use of one or more methods.

[from EN 1325-2:2004-09]

Value-Manager
Person, die für die Planung, Entwicklung und Einführung eines Value-Management-Programms verantwortlich ist.

[aus DIN EN 1325-2:2004-11]

Value manager
Person who is responsible for designing, developing and implementing a Value Management Programme.

[from EN 1325-2:2004-09]

Variablenprüfung
Prüfung durch Messung der Größe bzw. Größen von ein oder mehreren Merkmalen einer Einheit.

[übersetzt aus ISO/DIS 3534-2:2004-06]

Inspection by variables
Inspection by measuring the magnitude(s) of the characteristic(s) of an item.

[from ISO/DIS 3534-2:2004-06]

Verantwortungsvolles Unternehmertum
Ein Konzept der Vereinten Nationen, das die Rolle der Unternehmen in der nachhaltigen Entwicklung herausstreicht. Kernaussage: Unternehmen können ihre Tätigkeit so ausüben, dass sie das Wirtschaftswachstum fördern, die Wettbewerbsfähigkeit steigern und gleichzeitig umweltbewusst und sozial verantwortlich handeln.

[aus Grünbuch CSR:2001]

Responsible entrepreneurship
A concept put forward by the United Nations which recognises the business role for the accomplishment of sustainable development and that companies can manage their operations in such a way as to enhance and economic growth and increase competitiveness whilst ensuring environmental protection and promoting social responsibility.

[from Green Paper on CSR:2001]

Verfahren
Festgelegte Art und Weise, eine Tätigkeit oder einen Prozess auszuführen.

[aus DIN EN ISO 9000:2005]

Procedure
Specified way to carry out an activity or a process.

[from ISO 9000:2005]

Verfahrensanweisung
Verbindliche Spezifikation, die ein Verfahren enthält.

[aus E DIN 55350-11:2004-03]

Procedure
Binding specification for a procedure.

[translated from E DIN 55350-11:2004-03]

Verfahrenstechnisches Produkt
Siehe: Produkt.

Verfügbarkeit

Fähigkeit einer Einheit, zu einem gegebenen Zeitpunkt oder während eines
gegebenen Zeitintervalls eine geforderte
Funktion unter gegebenen Bedingungen
erfüllen zu können, vorausgesetzt, dass
die erforderlichen äußeren Hilfsmittel
bereitgestellt sind.

[aus Internationales Elektrotechnisches
Wörterbuch, Kapitel 191:1995]

Availability (performance)

The ability of an item to be in a state to
perform a required function under given
conditions at a given instant of time or
over a given time interval, assuming
that the required external resources are
provided.

[from IEC 50 (191):1990]

Verfügungsstelle

Person oder Gruppe von Personen, der
Verantwortung und Befugnis zugeordnet
sind, Entscheidungen über die Konfiguration zu treffen.

[aus DIN ISO 10007:2004-12]

Dispositioning authority

Person or a group of persons assigned
responsibility and authority to make decisions on the configuration.

[from ISO 10007:2003]

Vergleichbedingungen

Beobachtungsbedingungen, bei denen
voneinander unabhängige Ermittlungsergebnisse (einschließlich Messergebnisse)
mit demselben Verfahren an demselben
Prüf- bzw. Messobjekt an unterschiedlichen Orten von unterschiedlichen Bear-
beitern mit unterschiedlicher Geräteausrüstung ermittelt werden.

[übersetzt aus ISO/DIS 3534-2:2004-06]

Reproducibility conditions

Observation conditions where independent test/measurement results are obtained with the same method on identical
test/measurement items in different test
or measurement facilities with different
operators using different equipment.

[from ISO/DIS 3534-2:2004-06]

Vergleichgrenze; R

Kritische Vergleichdifferenz für eine festgelegte Wahrscheinlichkeit von 95 %.

[übersetzt aus ISO/DIS 3534-2:2004-06]

Reproducibility limit; R

Reproducibility critical difference for a
specified probability of 95%.

[from ISO/DIS 3534-2:2004-06]

Vergleichpräzision

Präzision unter Vergleichbedingungen.

[übersetzt aus ISO/DIS 3534-2:2004-06]

Reproducibility

Precision under reproducibility conditions.

[from ISO/DIS 3534-2:2004-06]

Vergleichstandardabweichung

Standardabweichung von Ermittlungsergebnissen (einschließlich Messergebnissen), die unter Vergleichbedingungen
ermittelt werden.

[übersetzt aus ISO/DIS 3534-2:2004-06]

Reproducibility standard deviation

Standard deviation of test results or
measurement results obtained under
reproducibility conditions.

[from ISO/DIS 3534-2:2004-06]

Verhaltenskodex
Eine formelle Erklärung zu den Werten und
Aktivitäten eines Unternehmens, vielfach
auch dessen Zulieferer.

[aus Grünbuch CSR:2001]

Code of conduct
A formal statement of the values and business practices of a company and sometimes its suppliers.

[from Green Paper on CSR:2001]

Verhältnisskala
Kontinuierliche Skala mit Skalierungen in
gleichen Abständen und einem absoluten
oder natürlichen Nullpunkt.

[übersetzt aus ISO/DIS 3534-2:2004-06]

Ratio scale; Proportional scale
Continuous scale with equal sized scale
values and an absolute or natural zero
point.

[from ISO/DIS 3534-2:2004-06]

Verifizierung
Bestätigung durch Bereitstellung eines
objektiven Nachweises, dass festgelegte
Anforderungen erfüllt worden sind.

[aus DIN EN ISO 9000:2005]

Verification
Confirmation, through the provision of
objective evidence, that specified requirements have been fulfilled.

[from ISO 9000:2005]

Verifizierung von beschafften Produkten
Die Organisation muss die erforderlichen
Prüfungen oder sonstigen Tätigkeiten
festlegen und verwirklichen, durch die
sichergestellt wird, dass das beschaffte
Produkt die festgelegten Beschaffungsan-
forderungen erfüllt.

[aus DIN EN ISO 9001:2000-12]

Verification of purchased product
The organization shall establish and im-
plement the inspection or other activities
necessary for ensuring that purchased
product meets specified purchase requirements.

[from ISO 9001:2000-12]

Verschärfte Prüfung
Anwendung einer Stichprobenanweisung
mit einem Annahmekriterium, das schärfer
ist als das für die entsprechende Stichprobenanweisung für normale Prüfung.

[aus DIN ISO 2859-1:2004-01]

Tightened inspection
Use of a sampling plan with an acceptance criterion that is tighter than that for
the corresponding plan for normal inspection.

[from ISO 2859-1:1999]

Verschrottung
Maßnahme an einem fehlerhaften Produkt,
um dessen ursprünglich beabsichtigten
Gebrauch auszuschließen.

[aus DIN EN ISO 9000:2005]

Scrap
Action on a nonconforming product to
preclude its originally intended use.

[from ISO 9000:2005]

Versuchsmuster
Muster für Funktionsversuche und Zuver-
lässigkeitsprüfungen.

[aus DIN 55350-15:1986-02]

Prototype (model)
Model used for functionality testing and
dependability inspections.

[translated from DIN 55350-15:1986-02]

Verteilung
<bei einem Merkmal>
Alle Merkmalswerte.

[aus E DIN ISO 21747:2004-09]

Distribution
<of a characteristic>
All the values of a characteristic.

[from ISO/DIS 21747:2003-08]

Verteilungsfamilie
Besondere Familie von Verteilungen, welche durch die Werte geeigneter Parameter vollständig festgelegt werden kann.

[aus E DIN ISO 21747:2004-09]

Class of distributions
Particular family of distributions that can be fully specified through the values of appropriate parameters.

[from ISO/DIS 21747:2003-08]

Verteilungsmodell
Festgelegte Verteilung oder Verteilungsfamilie.

[aus E DIN ISO 21747:2004-09]

Distribution model
Specified distribution or class of distributions.

[from ISO/DIS 21747:2003-08]

Vertrag
Bindende Vereinbarung.

[aus DIN EN ISO 9000:2005]

Contract
Binding agreement.

[from ISO 9000:2005]

Vertrauensbereich
Bereichsschätzer (T_0, T_1) für einen Parameter θ, bei dem die Kenngrößen T_0 and T_1 Intervallgrenzen sind und für den gilt, dass $p[T_0 < \theta < T_1] \geq 1 - \alpha$.

[übersetzt aus ISO/DIS 3534-1:2004-07]

Confidence interval
Interval estimator (T_0, T_1) for the parameter θ with the statistics T_0 and T_1 as interval limits and for which it holds that $p[T_0 < \theta < T_1] \geq 1 - \alpha$.

[from ISO/DIS 3534-1:2004-07]

VM
Siehe: Value-Management; VM.

Vollständige Qualitätsprüfung
Qualitätsprüfung hinsichtlich aller festgelegten Qualitätsmerkmale.

[aus DIN 55350-17:1988-08]

Full quality inspection
Quality inspection of all specified quality characteristics.

[translated from DIN 55350-17:1988-08]

Vorbeugende Instandhaltung
Siehe: Wartung; Vorbeugende Instandhaltung.

Vorbeugungsmaßnahme

Maßnahme zur Beseitigung der Ursache eines möglichen Fehlers oder einer anderen möglichen unerwünschten Situation.

[aus DIN EN ISO 9000:2005]

Preventive action

Action to eliminate the cause of a potential nonconformity or other undesirable potential situation.

[from ISO 9000:2005]

Vorgabe

Ein Merkmal, eine Wirkung oder eine konstruktive Besonderheit, die aus einem bestimmten Grund vorgegeben oder verboten sind. Keine andere Möglichkeit steht zur Wahl.

[aus DIN EN 1325-1:1996-11]

Constraint

A characteristic, result or design feature which is made compulsory or has been prohibited for any reason. No alternative possibility is left.

[from EN 1325-1:1996-09]

Vorgang

<Projektbezogen>
Kleinste festgelegte Arbeitseinheit in einem Projektprozess.

[aus DIN-Fachbericht ISO 10006:2004]

Activity

<Project>
Smallest identified item of work in a project process.

[from ISO 10006:2003]

Vorlauf

Entnahme einer festgelegten Anzahl von Stichproben mit festgelegtem Umfang nach einem festgelegten Verfahren, um die Parameter der Verteilung der Werte des Prozessmerkmals schätzen zu können.

[aus DIN 55350-33:1993-09]

Sampling for estimation

Taking a specified number of samples with a specified size and according to a specified method, in order to estimate the parameters of the distribution of values of the process characteristic.

[translated from DIN 55350-33:1993-09]

Vormuster

Muster, das noch nicht mit den für die spätere Serienfertigung vorgesehenen Einrichtungen und Verfahren und/oder noch nicht unter den Randbedingungen dieser späteren Serienfertigung gefertigt ist.

[aus DIN 55350-15:1986-02]

Preliminary model (prototype)

Model (prototype) which has been manufactured without the use of the production resources, methods and/or conditions intended for later series production.

[translated from DIN 55350-15:1986-02]

Vor-Ort-Beobachtung

Inaugenscheinnahme der Tätigkeiten der Konformitätsbewertungsstelle innerhalb des Akkreditierungsbereiches.

[aus DIN EN ISO/IEC 17011:2005-02]

Witnessing

Observation of the CAB carrying out conformity assessment services within its scope of accreditation.

[from ISO/IEC 17011:2004-09]

WA
Siehe: Wertanalyse; WA.

WA-Arbeitsplan
Organisierte und methodische Vorgehens-
weise, die eine Anzahl von Schritten mit
dem Ziel umfasst, eine erfolgreiche Anwendung der Wertanalyse sicherzustellen.

[aus DIN EN 1325-1:1996-11]

VA job plan
An organised and methodical procedure
consisting of a certain number of phases
intended to ensure successful application
of Value Analysis.

[from EN 1325-1:1996-09]

WA-Entscheidungsträger
Ein Mitglied des Managements, das die
Richtung für das WA-Projekt festlegt und
das als letzte Instanz darüber entschei-
det, welche Vorschläge des WA-Teams
verwirklicht werden.

[aus DIN EN 1325-1:1996-11]

VA decision-maker
The member of management who gives
direction to a VA project and is the ulti-
mate decision-maker on which proposals
of the VA team will be implemented.

[from EN 1325-1:1996-09]

Wahrer Wert
Wert, der eine Größe oder ein quantitatives Merkmal charakterisiert und der
perfekt unter denjenigen Bedingungen
definiert ist, die bei der Betrachtung der
Größe oder des quantitativen Merkmals
vorliegen.

[übersetzt aus ISO/DIS 3534-2:2004-06]

True value
Value which characterises a quantity
or quantitative characteristic perfectly
defined in the conditions which exist when
that quantity or quantitative characteristic
is considered.

[from ISO/DIS 3534-2:2004-06]

WA-Manager
Person, die für die Planung, Organisation,
Leitung und Einführung von WA-Aktivi-
täten in einer Organisation, wie z. B. ein
Unternehmen, ein Handelsbetrieb, eine
Verwaltungsorganisation, verantwortlich
ist.

[aus DIN EN 1325-1:1996-11]

VA manager
A person who is responsible for planning,
organising, supervising and implementing
VA activities in an organisation such as a
company, a commercial or administrative
organisation.

[from EN 1325-1:1996-09]

WA-Moderator
Person, die das Wissen, die Erfahrung
und Persönlichkeit besitzt, ein WA-Team
in professioneller und erfolgreicher Weise
zu organisieren, zu führen und zu koordi-
nieren, und die durch das Management in
diese Funktion berufen wurde.

[aus DIN EN 1325-1:1996-11]

VA project leader
The person who has the knowledge, experience and personality to organise, lead
and coordinate a VA team in a professional and successful way, and as such
has been put in charge of this responsibility by management.

[from EN 1325-1:1996-09]

WA-Objekt
Ein entstehendes oder bestehendes Produkt, auf das Wertanalyse angewendet wird.

[aus DIN EN 1325-1:1996-11]

VA subject
A potential or existing product to which Value Analysis is applied.

[from EN 1325-1:1996-09]

WA-Projekt
Die Anwendung der Wertanalyse auf ein WA-Objekt.

[aus DIN EN 1325-1:1996-11]

VA project
The application of Value Analysis to a VA subject.

[from EN 1325-1:1996-09]

Warngrenzen
Regelgrenzen, zwischen denen der betrachtete Kennwert mit einer hohen Wahrscheinlichkeit liegt, wenn der Prozess beherrscht ist.

[übersetzt aus ISO/DIS 3534-2:2004-06]

Warning limits
Control limits between which the statistic under consideration lies with a high probability when the process is under statistical control.

[from ISO/DIS 3534-2:2004-06]

Wartung; Vorbeugende Instandhaltung
Instandhaltung in festgelegten Abständen oder nach vorgeschriebenen Kriterien mit der Absicht, die Ausfallwahrscheinlichkeit oder die Funktionsminderung einer Einheit zu reduzieren.

[aus Internationales Elektrotechnisches Wörterbuch, Kapitel 191:1995]

Preventive maintenance
The maintenance carried out at predetermined intervals or according to prescribed criteria and intended to reduce the probability of failure or the degradation of the functioning of an item.

[from IEC 50 (191):1990]

WA-Team
Multidisziplinäre Gruppe von aufgrund ihrer Kompetenz, Fachkenntnis und/oder Verantwortlichkeit hinsichtlich verschiedener Aspekte des WA-Objektes ausgewählter Menschen, die das WA-Projekt durchführt.

[aus DIN EN 1325-1:1996-11]

VA team
A multi disciplinary group of people, selected for their competence, expertise and/or responsibility in various aspects of the VA subject, who undertake the VA project.

[from EN 1325-1:1996-09]

WA-Vorbedingungen
Elemente des Umfelds, die notwendig sind, bevor eine Wertanalyse durchgeführt werden kann.

[aus DIN EN 1325-1:1996-11]

VA pre-conditions
Elements of the context which are necessary before Value Analysis can proceed.

[from EN 1325-1:1996-09]

WA-Ziel

Funktionen- und Kosten-Ziele (oder andere Ziele als Kosten wie Verfügbarkeit, Zeit, Menge u. a.) für das WA-Projekt, die dem WA-Team vorgegeben werden.

[aus DIN EN 1325-1:1996-11]

VA target

Functional and cost objectives (or objectives other than cost such as availability, time, volume, etc.) for the VA project set for the VA team.

[from EN 1325-1:1996-09]

Wechselbilanz

Bei normaler Prüfung angewendetes Anzeigemerkmal, um zu ermitteln, ob die laufenden Prüfergebnisse ausreichen, einen Wechsel zu reduzierter Prüfung zu gestatten.

[aus DIN ISO 2859-1:2004-01]

Switching score

Indicator that is used under normal inspection to determine whether the current inspection results are sufficient to allow for a switch to reduced inspection.

[from ISO 2859-1:1999]

Wert

Beziehung zwischen dem Beitrag der Funktion (oder des WA-Objektes) zur Bedürfnisbefriedigung und den Kosten der Funktion (oder des WA-Objektes).

[aus DIN EN 1325-1:1996-11]

Value

The relationship between the contribution of the function (or VA subject) to the satisfaction of the need and the cost of the function (or VA subject).

[from EN 1325-1:1996-09]

Wertanalyse; WA

Organisierter und kreativer Ansatz, der einen funktionen-orientierten und wirtschaftlichen Gestaltungsprozess mit dem Ziel der Wertsteigerung eines WA-Objektes zur Anwendung bringt.

[aus DIN EN 1325-1:1996-11]

Value Analysis; VA

An organized and creative approach using a functional and economic design process which aims at increasing the value of a VA subject.

[from EN 1325-1:1996-09]

Wertebereich eines Merkmals

Menge aller Merkmalswerte, die das betrachtete Merkmal annehmen kann.

[aus DIN 55350-12:1989-03]

Range of values for a characteristic

Set of all values which can be attributed to the characteristic under consideration.

[translated from DIN 55350-12:1989-03]

Wertgestaltung

Benennung, die manchmal für die Anwendung der Wertanalyse auf ein neues in Entwicklung befindliches Produkt verwendet wird.

[aus DIN EN 1325-1:1996-11]

Value engineering; VE

Term sometimes used for the application of Value Analysis to a new product which is being developed.

[from EN 1325-1:1996-09]

Wertkultur

Die Wertkultur ist eine Verhaltensweise, Bewusstseinshaltung und das ausreichende Wissen darüber, was das Wertkonzept für eine Organisation und ihre Anspruchsgruppen (Stakeholder) darstellt, sowie über die Faktoren, die diesen Wert beeinflussen können.

Sie schließt ein entsprechendes Wissen über verfügbare Methoden und Werkzeuge ebenso ein wie das Bewusstsein von Management- und Umfeldbedingungen, die das Gedeihen von Value Management ermöglichen.

[aus DIN EN 12973:2002-02]

Value culture

Value culture is an attitude, awareness and sufficient knowledge of what the concept of value represents for an organisation and its stakeholders and of the factors that may affect this value.

It includes an appropriate knowledge of available methods and tools and an awareness of managerial and environmental conditions which enable Value Management to flourish.

[from EN 12973:2000-04]

Wiederholbedingungen

Beobachtungsbedingungen, bei denen voneinander unabhängige Ermittlungsergebnisse (einschließlich Messergebnisse) mit demselben Verfahren an demselben Prüf- bzw. Messobjekt am selben Ort von demselben Bearbeiter mit derselben Geräteausrüstung ermittelt werden.

[übersetzt aus ISO/DIS 3534-2:2004-06]

Repeatability conditions

Observation conditions where independent test/measurement results are obtained with the same method on identical test/measurement items in the same test or measuring facility by the same operator using the same equipment within short intervals of time.

[from ISO/DIS 3534-2:2004-06]

Wiederholgrenze; *r*

Kritische Wiederholdifferenz für eine festgelegte Wahrscheinlichkeit von 95 %.

[übersetzt aus ISO/DIS 3534-2:2004-06]

Repeatability limit; *r*

Repeatability critical difference for a specified probability of 95 %.

[from ISO/DIS 3534-2:2004-06]

Wiederholmuster

Muster, das während der Serienfertigung gefertigt ist und gegebenenfalls im jeweils festgelegten Abstand zum vorangegangenen entnommen wird.

[aus DIN 55350-15:1986-02]

Follow-up-model (prototype)

Model (prototype) which is manufactured in series production and which may be taken from the series at specified intervals from the previous model.

[translated from DIN 55350-15:1986-02]

Wiederholpräzision

Präzision unter Wiederholbedingungen.

[übersetzt aus ISO/DIS 3534-2:2004-06]

Repeatability

Precision under repeatability conditions.

[from ISO/DIS 3534-2:2004-06]

Wiederholstandardabweichung

Standardabweichung von Ermittlungsergebnissen (einschließlich Messergebnissen), die unter Wiederholbedingungen
ermittelt werden.

[übersetzt aus ISO/DIS 3534-2:2004-06]

Repeatability standard deviation

Standard deviation of test results or
measurement results obtained under
repeatability conditions.

[from ISO/DIS 3534-2:2004-06]

Wiederholungsprüfung

Qualitätsprüfung nach unerwünschtem
Ergebnis der vorausgegangenen in einer
Folge von zugelassenen Qualitätsprüfungen an einer Einheit gleicher Art oder an
einer nachgebesserten Einheit.

[aus DIN 55350-17:1988-08]

Repeated inspection

Quality inspection carried out on an entity
of the same type or on an improved entity
after the previous inspection in a series
of approved inspections has produced an
undesirable result.

[translated from DIN 55350-17:1988-08]

Wirksamkeit

Ausmaß, in dem geplante Tätigkeiten verwirklicht und geplante Ergebnisse erreicht
werden.

[aus DIN EN ISO 9000:2005]

Effectiveness

Extent to which planned activities are realized and planned results achieved.

[from ISO 9000:2005]

Zertifikat

Siehe: Konformitätsbescheinigung;
Zertifikat.

Zertifizierung

<allgemein>
Verfahren, nach dem eine dritte Seite
schriftlich bestätigt, dass ein Produkt, ein
Prozess oder eine Dienstleistung mit festgelegten Anforderungen konform ist.

[aus DIN EN 45020:1998-07]

Certification

<general>
Procedure by which a third party gives
written assurance that a product, process
or service conforms to specified requirements.

[from EN 45020:1998]

Zertifizierung

<Konformitätsbewertung>
Bestätigung durch eine dritte Seite bezogen auf Produkte, Prozesse, Systeme
oder Personen.

[aus DIN EN ISO/IEC 17000:2005-03]

Certification

<Conformity assessment>
Third-party attestation related to products, processes, systems or persons.

[from ISO/IEC 17000:2004-11]

Zertifizierungsdokument

<QM-System>

Dokument, das bescheinigt, dass das Qualitätsmanagementsystem eines Anbieters den Anforderungen der festgelegten Normen über Qualitätsmanagementsysteme sowie der innerhalb des Systems notwendigen zusätzlichen Dokumente erfüllt.

[aus DIN EN 45012:1998-03]

Certification/registration document

<Quality management system>

Document indicating that a supplier's quality system conforms to specified quality system standards and any supplementary documentation required under the system.

[from EN 45020:1998]

Zertifizierungsprogramm

Spezifische Zertifizierungsanforderungen bezogen auf beschriebene Personengruppen, für die die gleichen speziellen Normen und Regeln gelten und die gleichen Verfahren anzuwenden sind.

[aus DIN EN ISO/IEC 17024:2003-10]

Certification scheme

Specific certification requirements related to specified categories of persons to which the same particular standards and rules, and the same procedures apply.

[from ISO/IEC 17024:2003]

Zertifizierungsprozess

<für Personen>

Alle Tätigkeiten, mit denen eine Zertifizierungsstelle nachweist, dass eine Person die festgelegten Kompetenzanforderungen erfüllt, eingeschlossen Antragstellung, Bewertung, Entscheidung über die Zertifizierung, Überwachung und Rezertifizierung sowie die Benutzung von Zertifikaten und Logos/Zeichen.

[aus DIN EN ISO/IEC 17024:2003-10]

Certification process

<for persons>

All activities by which a certification body establishes that a person fulfils specified competence requirements, including application, evaluation, decision on certification, surveillance and recertification, use of certificates and logos/marks.

[from ISO/IEC 17024:2003]

Zertifizierungsstelle

<allgemein>

Stelle, die eine Zertifizierung durchführt.

[aus DIN EN 45020:1998-07]

Certification body

<general>

Body that conducts certification.

[from EN 45020:1998]

Zertifizierungsstelle

<QM-System>

Dritte Seite (Dritter), die das Qualitätsmanagementsystem von Anbietern im Hinblick auf gültige Normen über Qualitätsmanagementsysteme sowie die zusätzliche Dokumentation, die für das System erforderlich ist, auditiert und zertifiziert.

[aus DIN EN 45012:1998-03]

Certification/registration body

<Quality management system>

A third party that assesses and certifies/registers the quality system of suppliers with respect to published quality system standards and any supplementary documentation required under the system.

[from ISO/IEC Guide 62:1996]

Zertifizierungssystem	**Certification system**
\<Kompetenz\>	\<competence\>
Satz von Verfahren und Mittel für die Durchführung des Zertifizierungsverfahrens nach einem Zertifizierungsprogramm, welches zur Erteilung eines Kompetenzzertifikates führt, einschließlich der Aufrechterhaltung des Systems.	Set of procedures and resources for carrying out the certification process as per certification scheme leading to the issue of a certificate of competence including maintenance.
[aus DIN EN ISO/IEC 17024:2003-10]	[from ISO/IEC 17024:2003]
Zertifizierungssystem	**Certification/registration system**
\<QM-System\>	\<Quality management system\>
System, das eigene Verfahrensregeln hat und eine eigene Leitung besitzt, um Begutachtungen vorzunehmen, die zur Ausstellung eines Zertifizierungsdokuments und seiner künftigen Aufrechterhaltung führen.	System having its own rules of procedures and management for carrying out the assessment leading to the issuance of a certification/registration document and its subsequent maintenance.
[aus DIN EN 45012:1998-03]	[from ISO/IEC Guide 62:1996]
Ziel	**Objective**
\<Reklamationsbearbeitung\>	\<Complaints handling\>
Etwas bezüglich Reklamationsbearbeitung Angestrebtes oder zu Erreichendes.	Something sought, or aimed for, related to complaints handling.
[aus DIN ISO 10002:2005-04]	[from ISO 10002:2004-07]
Zufällige Ergebnisabweichung	**Random error of result**
Abweichungskomponente, die im Laufe einer Anzahl von Ermittlungsergebnissen für dasselbe Merkmal oder dieselbe Größe streut oder sich in unvorhersehbaren Weise ändert.	Component of the error which, in the course of a number of test results or measurement results, for the same characteristic or quantity, varies in an unpredictable manner.
[übersetzt aus ISO/DIS 3534-2:2004-06]	[from ISO/DIS 3534-2:2004-06]
Zufällige Ursache; Allgemeine Ursache	**Random cause; Common cause**
Quelle einer Streuung, die einem Prozess zeitabhängig innewohnt.	Source of variation which is inherent in a process over time.
[aus E DIN ISO 21747:2004-09]	[from ISO/DIS 21747:2003-08]
Zufallsprobenahme	**Random sampling**
Probenahme nach einem Zufallsverfahren, bei dem jede Einheit der Grundgesamtheit dieselbe Wahrscheinlichkeit hat, in die Stichprobe zu geraten.	Sampling by a random process in which each item of the population has the same probability of being selected.
[Definition des Autors]	[definition by the author]

Zugang; Zugang zu einem System oder Programm

Möglichkeit für einen Antragsteller, eine Konformitätsbewertung nach den Regeln des Systems oder des Programmes zu erhalten.

[aus DIN EN ISO/IEC 17000:2005-03]

Access; Access to a system or scheme

Opportunity for an applicant to obtain conformity assessment under the rules of the system or scheme.

[from ISO/IEC 17000:2004-11]

Zulassung

Erlaubnis, ein Produkt oder einen Prozess zum angegebenen Zweck oder unter angegebenen Bedingungen auf den Markt zu bringen oder zu nutzen.

[aus DIN EN ISO/IEC 17000:2005-03]

Approval

Permission for a product or process to be marketed or used for stated purposes or under stated conditions.

[from ISO/IEC 17000:2004-11]

Zurückziehung

Widerruf der Konformitätsaussage.

[aus DIN EN ISO/IEC 17000:2005-03]

Withdrawal

Cancellation of the statement of conformity.

[from ISO/IEC 17000:2004-11]

Zurückziehung der Akkreditierung

Prozess der Zurücknahme einer Akkreditierung in vollem Umfang.

[aus DIN EN ISO/IEC 17011:2005-02]

Withdrawing accreditation

Process of cancelling accreditation in full.

[from ISO/IEC 17011:2004-09]

Zuständige Stelle

Zur Wahrung der Neutralität ... von ISO 2859 angewendeter Begriff (in erster Linie für beabsichtigte Festlegungen), gleichgültig ob diese Stelle durch die erste, zweite oder dritte Partei angerufen oder benötigt wird.

[aus DIN ISO 2859-1:2004-01]

Responsible authority

Concept used to maintain the neutrality of ... ISO 2859 (primarily for specification purposes), irrespective of whether it is being invoked or applied by the first, second or third party.

[from ISO 2859-1:1999]

Zustandsgröße; Z

Größe zur Beschreibung des Zustands eines Systems.

[aus DIN ISO 11843-1:2004-09]

State variable; Z

Quantity describing the state of a system.

[from ISO 11843-1:1997]

Zustandsgrößendifferenz; X

Differenz zwischen der Zustandsgröße Z und ihrem Wert z_0 im Grundzustand.

[aus DIN ISO 11843-1:2004-09]

Net state variable; X

Difference between the state variable, Z, and its value in the basic state, z_0.

[from ISO 11843-1:1997]

Zuverlässigkeit

Zusammenfassender Ausdruck zur Beschreibung der Verfügbarkeit und ihrer Einflussfaktoren Funktionsfähigkeit, Instandhaltbarkeit und Instandhaltungsbereitschaft.

[aus DIN EN ISO 9000:2005]

Dependability

Collective term used to describe the availability performance and its influencing factors: reliability performance, maintainability performance and maintenance support performance.

[from ISO 9000:2005]

Zuverlässigkeitsanforderung

Teil der Qualitätsanforderung, der das Verhalten der Einheit während oder nach vorgegebenen Zeitspannen bei vorgegebenen Anwendungsbedingungen betrifft.

[aus E DIN 55350-11:2004-03]

Dependability requirement

Quality requirement relating to the behaviour of the entity during or after a given time period under given conditions of use.

[translated from E DIN 55350-11:2004-03]

Zuverlässigkeitsmerkmal

Die Zuverlässigkeit mitbestimmendes Qualitätsmerkmal.

[aus DIN 55350-12:1989-03]

Dependability characteristic

A characteristic that contributes to dependability.

[translated from DIN 55350-12:1989-03]

Zuverlässigkeitsprüfung

Feststellen, inwieweit ein Produkt die Zuverlässigkeitsforderung erfüllt.

[aus DIN 55350-17:1988-08]

Dependability inspection

Inspection carried out to determine the extent to which a product fulfils dependability requirements.

[translated from DIN 55350-17:1988-08]

Zweiseitige Vereinbarung

<allgemein>
Siehe: Gegenseitige Vereinbarung; Zweiseitige Vereinbarung.

Zweitparteien-Audit

Siehe: Audit.

Zwischenmuster

Muster, das teilweise mit den für die Serienfertigung vorgesehenen Einrichtungen und Verfahren und/oder teilweise unter den Randbedingungen der Serienfertigung gefertigt ist.

[aus DIN 55350-15:1986-02]

Intermediate model (prototype)

Model (prototype) that has been manufactured partially using the equipment, processes and/or partially under the conditions intended for use in series production.

[translated from DIN 55350-15:1986-02]

Zwischenprüfung

Qualitätsprüfung während der Realisierung einer Einheit.

[aus DIN 55350-17:1988-08]

In-process-inspection

Quality inspection of an item in production.

[translated from DIN 55350-17:1988-08]

100-%-Prüfung

Qualitätsprüfung an allen Einheiten eines Prüfloses.

[aus DIN 55350-17:1988-08]

100-%-inspection

Quality inspection carried out on all items of a lot.

[translated from DIN 55350-17:1988-08]

3 Englisch — Deutsch, nur Benennungen

3 English — German, terms only

Absolute value for lower or upper specification limit	Grenzbetrag
Acceptance	Annahme
Acceptance; Acceptance of conformity assessment results	Übernahme; Übernahme der Ergebnisse von Konformitätsbewertungen
Acceptance arrangement	Übernahmevereinbarung
Acceptance control chart	Annahmequalitätsregelkarte
Acceptance control limit; ACL	Annahmegrenze
Acceptance inspection	1. Abnahmeprüfung
	2. Annahmeprüfung
Acceptance inspection certificate	Abnahmeprüfzertifikat
Acceptance inspection certificate M	Abnahmeprüfzertifikat M
Acceptance inspection certificate MS	Abnahmeprüfzertifikat MS
Acceptance inspection certificate O	Abnahmeprüfzertifikat O
Acceptance inspection certificate OS	Abnahmeprüfzertifikat OS
Acceptance number	Annahmezahl
Acceptance quality limit; AQL	Annehmbare Qualitätsgrenzlage; AQL
Acceptance sampling inspection	Annahmestichprobenprüfung
Acceptance score	Annahmebilanz
Access; Access to a system or scheme	Zugang; Zugang zu einem System oder Programm
Accreditation	Akkreditierung
Accreditation body	Akkreditierungsstelle
Accreditation body logo	Akkreditierungsstellenlogo
Accreditation certificate	Akkreditierungsurkunde
Accreditation criteria	Akkreditierungskriterien
Accreditation symbol	Akkreditierungssymbol
Accreditation system	Akkreditierungssystem
Accredited body	Akkreditierte Stelle
Accuracy	Genauigkeit
ACL See: Acceptance control limit.	
Action	Maßnahme
Action limits	Eingriffsgrenzen
Activity	Vorgang
Adaptive control chart	Adaptive Qualitätsregelkarte
Agreement group	Übereinkommensgruppe
AOQ See: Average outgoing quality; AOQ.	

AOQL
See: Average outgoing quality limit; AOQL.

Appeal	Einspruch
Applicant	Antragsteller
Approval	Zulassung

ARL
See: Average run length; ARL.

AQL
See: Acceptance quality limit; AQL.

Assessment	Begutachtung
Assessor	Begutachter
Assurance of conformity	Konformitätssicherung (Sicherstellung der Konformität)
Attestation	Bestätigung
Audit	Audit
Audit client	Auditauftraggeber
Audit conclusion	Auditschlussfolgerung
Audit criteria	Auditkriterien
Auditee	Auditierte Organisation
Audit evidence	Auditnachweis
Audit findings	Auditfeststellung
Auditor	Auditor
Audit plan	Auditplan
Audit programme	Auditprogramm
Audit scope	Auditumfang
Audit team	Auditteam
Authorized inspector	Prüfbeauftragter
Availability (performance)	Verfügbarkeit
Average control chart; $\bar{x}$ chart	Mittelwertkarte
Average outgoing quality; AOQ	Durchschlupf; AOQ
Average outgoing quality limit; AOQL	Maximaler Durchschlupf; AOQL
Average run length; ARL	Mittlere Reaktionsdauer; ARL
Average sample size	Mittlerer Stichprobenumfang
Bar chart	Balkendiagramm
Basic state	Grundzustand
Benchmarking	Benchmarking
Bilateral arrangement	1. Gegenseitige Vereinbarung; Zweiseitige Vereinbarung 2. Bilaterale Vereinbarung
Bulk sample; Gross sample	Sammelprobe

Business orientation
See: Orientation; Business orientation.

C_p
See: Process capability index; C_p.

C_{pk}
See: Minimum process capability index;
C_{pk}.

CAB
See: Conformity assessment body.

Calibration	Kalibrierung
Calibration function	Kalibrierfunktion
Candidate	Kandidat
Canon of orientations	Orientierungskanon
Capability	Fähigkeit
Centre line	Mittellinie
Centre value	Mittenwert
Certificate of competence	Kompetenzzertifikat
Certificate of conformity	Konformitätsbescheinigung; Zertifikat
Certification	Zertifizierung
Certification body	Zertifizierungsstelle
Certification process	Zertifizierungsprozess
Certification/registration body	Zertifizierungsstelle
Certification/registration document	Zertifizierungsdokument
Certification/registration system	Zertifizierungssystem
Certification scheme	Zertifizierungsprogramm
Certification system	Zertifizierungssystem

CIP = Continuous improvement process
See: Continual improvement.

Change control	Änderungslenkung
Characteristic	Merkmal
Characteristic value	Merkmalswert
Class	Klasse
Classification	Klassenbildung
Classification of nonconformance	Fehlerklassifizierung
Class of distributions	Verteilungsfamilie
Cluster sampling	Klumpenprobenahme
Code of conduct	Verhaltenskodex
Collaborative assessment experiment	Ringversuch

Common cause
See: Random cause; Common cause.

Competence	Kompetenz
Complainant	Reklamant
Complaint	1. Beschwerde
	2. Reklamation

Concession	Sonderfreigabe
Confidence interval	Vertrauensbereich
Configuration	Konfiguration
Configuration baseline	Bezugskonfiguration
Configuration item	Konfigurationseinheit
Configuration management	Konfigurationsmanagement (KM)
Configuration status accounting	Konfigurationsbuchführung
Conformity	Konformität
Conformity assessment	1. Konformitätsbeurteilung 2. Konformitätsbewertung
Conformity assessment body	1. Konformitätsbeurteilungsstelle 2. Konformitätsbewertungsstelle
Conformity assessment programme	Konformitätsbewertungsprogramm
Conformity assessment scheme	1. Konformitätsbeurteilungsprogramm 2. Konformitätsbewertungsprogramm
Conformity assessment system	1. Konformitätsbeurteilungssystem 2. Konformitätsbewertungssystem
Conformity surveillance	Konformitätsüberwachung
Conformity testing	Konformitätsprüfung
Constitution	Beschaffenheit
Constraint	Vorgabe
Consultancy	Beratung
Consumer's risk; CR	Abnehmerrisiko
Consumer's risk quality; CRQ	Qualitätslage zum Abnehmerrisiko; CRQ
Continual improvement	Ständige Verbesserung
Continuous characteristic	Kontinuierliches Merkmal
Continuous scale	Kontinuierliche Skala
Contract	Vertrag
Control chart	Qualitätsregelkarte; QRK
Control chart with expanded limits	Qualitätsregelkarte mit erweiterten Grenzen
Control chart with moving index	Qualitätsregelkarte für einen gleitenden Stichprobenkennwert
Control limit	Regelgrenze
Control of design and development changes	Lenkung von Entwicklungsänderungen
Control of documents	Lenkung von Dokumenten
Control of monitoring and measuring devices	Lenkung von Überwachungs- und Messmitteln
Control of nonconforming products	Lenkung fehlerhafter Produkte
Control of records	Lenkung von Aufzeichnungen
Conventional true value	Richtiger Wert
Corrective action	Korrekturmaßnahme

Corrective maintenance	Instandsetzung; Korrektive Instandhaltung
Correction	Korrektur
Cost	Kosten
Costs of conformity	Konformitätskosten
Costs of prevention	Fehlerverhütungskosten
CR See: Consumer's risk; CR.	
CRQ See: Consumer's risk quality; CRQ.	
Critical nonconformity	Kritischer Fehler
Critical value of the net state variable; x_C	Erfassungsgrenze; x_C
Critical value of the response variable; y_C	Erkennungsgrenze; y_C
Cumulative sum control chart; CUSUM chart	Cusumkarte
Customer	Kunde
Customer focus	Kundenorientierung
Customer satisfaction	Kundenzufriedenheit
Customer service	Kundendienst
CUSUM chart See: Cumulative sum control chart; CUSUM chart.	
Declaration	Erklärung
Defect	Mangel
Dependability	Zuverlässigkeit
Dependability characteristic	Zuverlässigkeitsmerkmal
Dependability inspection	Zuverlässigkeitsprüfung
Dependability requirement	Zuverlässigkeitsanforderung
Design and development	Entwicklung
Design and development review	Entwicklungsbewertung
Design and development validation	Entwicklungsvalidierung
Design and development verification	Entwicklungsverifizierung
Designation	Benennung
Designating authority	Benennende Behörde
Design of experiments; DoE	Statistische Versuchsplanung; DoE
Design review	Entwurfsprüfung
Design to cost; DTC	Design to cost; DTC
Design value	Bemessungswert
Development See: Design and development.	
Developmental model (prototype)	Entwicklungsmuster
Deviation	Abweichung
Deviation permit	Abweichungsgenehmigung

Discrete characteristic	Diskretes Merkmal
Discrete scale	Diskrete Skala
Dispositioning authority	Verfügungsstelle
Distribution	Verteilung
Distribution model	Verteilungsmodell
Divided sample	Teilprobe
Document	Dokument
DoE See: Design of experiments; DoE.	
Double acceptance sampling inspection	Doppel-Stichprobenprüfung
DTC See: Design to cost; DTC.	
Effectiveness	Wirksamkeit
Efficiency	Effizienz
Element of identity	Identitätselement
Enquirer	Antragsteller
Entity See: Item; Entity.	
Equal and national treatment	Umfassende Gleichbehandlung
Equal treatment	Gleichbehandlung
Equivalence; Equivalence of conformity assessment results	Gleichwertigkeit; Gleichwertigkeit der Ergebnisse von Konformitätsbewertungen
Error	Fehlaussage; Irrtum
Error of measurement	Messabweichung
Error of result	Ergebnisabweichung
Estimate	Schätzwert
Estimator	Schätzer
Ethical audit	Ethikaudit
Ethical screening	Ethik-Screening
Ethical trade	Ethischer Handel
Evaluation	Evaluierung
Evaluation criterion	Bewertungskriterium
Evaluation of supplier	Lieferantenbeurteilung
Examination	Prüfung
Examiner	Prüfer
Expectation	Erwartungswert
Expert	Experte
Extending accreditation	Erweiterung der Akkreditierung
External audit See: Audit.	
FA See: Functional analysis; FA.	

Factual approach to decision making	Sachbezogener Ansatz zur Entscheidungsfindung
Failure	Ausfall
Failure modes and effects analysis; FMEA See: Fault modes and effects analysis; FMEA.	
Failure modes, effects and criticality analysis; FMECA See: Fault modes, effects and criticality analysis; FMECA.	
Fair trade	Fairer Handel
Fault	Fehlzustand
Fault modes and effects analysis; FMEA	Fehlzustandsart- und -auswirkungsanalyse; FMEA
Fault modes, effects and criticality analysis; FMECA	Fehlzustandsart-, -auswirkungs- und -kritizitätsanalyse; FMECA
Fault tree analysis; FTA	Fehlzustandsbaumanalyse; FTA
Faulty	Fehlerhaft
Feedback	Rückmeldungen
Final inspection	Endprüfung
Finding	Abweichung
First-party audit See: Audit.	
First-party conformity assessment activity	Konformitätsbewertung durch eine erste Seite
Fitness for use	Gebrauchstauglichkeit
Flexibility of a level	Flexibilität eines Niveaus
FMEA See: Fault modes and effects analysis; FMEA.	
FMECA See: Fault modes, effects and criticality analysis; FMECA.	
Follow-up-model (prototype)	Wiederholmuster
Form	Formular
FPS See: Functional performance specification; FPS.	
FTA See: Fault tree analysis; FTA.	
Full quality inspection	Vollständige Qualitätsprüfung
Function	Funktion
Functional analysis; FA	Funktionenanalyse; FA
Functional performance specification; FPS	Spezifikation der funktionalen Leistungsmerkmale

Functional specification	Pflichtenheft
Function carrier	Funktionenträger
Function cost	Funktionskosten
Function structure	Funktionengliederung
Grade	Anspruchsklasse
Gross sample See: Bulk sample; Gross sample.	
Grouping	Klassierung
Hardware See: Product, Note 1.	
Hierarchy of orientations	Orientierungshierarchie
Histogram	Histogramm
Identifiable cause	Feststellbare Ursache
Identification and traceability	Kennzeichnung und Rückverfolgbarkeit
Identity	Identität
Increment (in sampling)	Einzelprobe
Index	Kenngröße
Individual control chart; x control chart	Urwertkarte
Information	Information
Infrastructure	Infrastruktur
Inherent process variation	Prozesseigenstreuung
Initial model (prototype)	Erstmuster
Innovation	Innovation
In-process inspection	1. Fertigungsprüfung 2. Zwischenprüfung
Inspected characteristic	Prüfmerkmal
Inspection	1. Prüfung 2. Prüfung; Inspektion 3. Inspektion
Inspection and test status	Prüfstatus
Inspection body	Inspektionsstelle
Inspection by attributes	1. Attributprüfung 2. Prüfung anhand der Anzahl fehlerhaf- ter Einheiten oder Fehler
Inspection by the operator; Self-inspection	Selbstprüfung
Inspection by variables	Variablenprüfung
Inspection costs	Prüfkosten
Inspection instruction	Prüfauftrag
Inspection of product behavior	Produktverhaltensprüfung
Inspection plan	Prüfplan
Inspection planning	Prüfplanung

Inspection procedure	Prüfanweisung
Inspection schedule	Prüfablaufplan
Inspection specification	Prüfspezifikation
Integrated management	Integriertes Management
Interested parties	Interessierter Kreis
Interested party	Interessierte Partei
Intermediate model (prototype)	Zwischenmuster
Internal audit See: Audit.	
Interval scale	Intervallskala
Involvement of people	Einbeziehung von Personen
Item; Entity	Einheit; Entität
Item of bulk material	Massenguteinheit
Item of continuous material	Endlosguteinheit
L See: Lower specification limit; L.	
(Laboratory) proficiency testing	Eignungsprüfung (für Laboratorien)
Laboratory sample	Laboratoriumsprobe
LCC: See: Life cycle cost; LCC.	
Lead assessor	Leitender Begutachter
Leadership	Führung
Level of an evaluation criterion	Niveau eines Bewertungskriteriums
Licence (for certification)	Genehmigung (im Sinne der Zertifizierung)
Licensee (for certification)	Genehmigungsinhaber (im Sinne der Zertifizierung)
Life cycle cost; LCC	Lebenszykluskosten
Limiting absolute value	Grenzbetrag
Limiting deviation	Grenzabweichung
Limiting quality; LQ	Rückzuweisende Qualitätsgrenzlage; LQ
Limit model (prototype)	Grenzmuster
Limits of permissible error (of a measuring instrument); Maximum permissible errors (of a measuring instrument)	Fehlergrenzen
Long term variation	Langzeitstreuung
Lot	Los
Lot size	Losumfang
Lower fraction nonconforming; p_L	Unterer Anteil fehlerhafter Einheiten; p_L
Lower limiting deviation	Untere Grenzabweichung
Lower process capability index	Unterer Prozessfähigkeitsindex
Lower process performance index	Unterer potenzieller Prozessleistungsindex

Lower reference interval	Unterer Bezugsbereich
Lower specification limit; L	Mindestwert; L
LQ See: Limiting quality; LQ.	
Maintainability (performance)	Instandhaltbarkeit
Maintenance	Instandhaltung
Maintenance philosophy	Instandhaltungssystematik
Maintenance policy	Instandhaltungsgrundsätze
Major nonconformity	Hauptfehler
Management	Management
Management representative	Beauftragter der obersten Leitung; QMB; QM-Beauftragter
Management review	Managementbewertung
Management system	Managementsystem
Managing processes	Leiten und Lenken von Prozessen
Mark of conformity (for certification)	Konformitätszeichen (im Sinne der Zertifizierung)
Maximum permissible errors (of a measuring instrument) See: Limits of permissible error (of a measuring instrument); Maximum permissible errors (of a measuring instrument).	
Mean time between failures; MTBF	Mittlerer Ausfallabstand; MTBF
Mean time to failure; MTTF	Mittlere Dauer bis zum Ausfall; MTTF
Mean time to first failure; MTTFF	Mittlere Dauer bis zum ersten Ausfall; MTTFF
Measurement control system	Messüberwachungssystem
Measurement management system	Messmanagementsystem
Measurement process	Messprozess
Measurement series	Messserie
Measurement standard	Normal; Messnormal
Measuring equipment	Messmittel
Median control chart	Mediankarte
Measurement standard See: Traceability.	
Member; Member of a system or scheme	Mitglied; Mitglied eines Systems oder Programmes
Metrological characteristic	Metrologisches Merkmal
Metrological confirmation	Metrologische Bestätigung
Metrological function	Funktionsbereich Metrologie
Minimum detectable value of the net state variable; x_D	Erfassungsvermögen; x_D
Minimum process capability index; C_{pk}	Kleinster Prozessfähigkeitsindex; C_{pk}

Minimum process performance index; P_{pk}	Kleinster potenzieller Prozessleistungsindex; P_{pk}
Minor nonconformity	Nebenfehler
Model (prototype)	Muster
Model (prototype) after alteration	Änderungsmuster
Model (prototype) for installation or assembly	Einbaumuster
Model (prototype) inspection	Musterprüfung
Monitoring See: Supervision; Monitoring.	
MTBF See: Mean time between failures; MTBF.	
MTTF See: Mean time to failure; MTTF.	
MTTFF See: Mean time to first failure; MTTFF.	
Multilateral arrangement	1. Mehrseitige Vereinbarung 2. Multilaterale Vereinbarung
Multiple acceptance sampling inspection	Mehrfach-Stichprobenprüfung
Multistage sampling	Mehrstufige Probenahme
Multivariate control chart	Multivariate Qualitätsregelkarte
Mutually beneficial supplier relationships	Lieferantenbeziehungen zum gegenseitigen Nutzen
National treatment	Nationale Gleichbehandlung
Need	Bedürfnis
Net state variable; X	Zustandsgrößendifferenz; X
Nominal characteristic	Nominalmerkmal
Nominal model (prototype)	Sollmuster
Nominal scale	Nominalskala
1. Nominal value 2. Nominal value See: Target value; Nominal value; T.	Nennwert
Nonconforming item	Fehlerhafte Einheit
Nonconformities per 100 items	Fehler je hundert Einheiten
Nonconformity	Fehler
Nonconformity costs	Fehlerkosten
Non-specific inspection result	Nichtauftragsbezogenes Prüfergebnis
Normal inspection	Normale Prüfung
Objective	Ziel
Objective evidence	Objektiver Nachweis
Offered product	Angebotsprodukt
Operating characteristic curve	Operationscharakteristik
Operator inspection	Selbstprüfung
Ordinal characteristic	Ordinalmerkmal

Ordinal scale	Ordinalskala
Organization	Organisation
Organizational structure	Organisationsstruktur
Orientation; Business orientation	Orientierung
Original inspection	Erstprüfung
Outlier	Ausreißer
Out-of-control criteria	Nichtbeherrschungskriterien

p_L
See: Lower fraction nonconforming; p_L.

P_{pk}
See: Minimum process performance
index; P_{pk}.

p_T
See: Total fraction nonconforming: p_T.

p_U
See: Upper fraction nonconforming; p_U.

Packaging item	Packungseinheit
Participant; Participant in a system or scheme	Teilnehmer; Teilnehmer an einem System oder Programm
Peer assessment	Begutachtung unter Gleichrangigen
Percent nonconforming	Anteil fehlerhafter Einheiten in Prozent

Performance
1. See: Availability (performance).
2. See: Maintainability (performance).
3. See: Reliability (performance).

Periodic systematic sampling	Periodische systematische Probenahme
Policy	Politik
Population	Grundgesamtheit
Population size (or subpopulation size)	Umfang der Grundgesamtheit (oder der Teilgesamtheit)
Precision	Präzision
Pre-delivery inspection	Ablieferungsprüfung
Preliminary model (prototype)	Vormuster
Preservation of product	Produkterhaltung
Prevention costs	Fehlerverhütungskosten
Preventive action	Vorbeugungsmaßnahme
Preventive maintenance	Wartung; Vorbeugende Instandhaltung
Probability of acceptance	Annahmewahrscheinlichkeit
Probability of action	Eingriffswahrscheinlichkeit
Probability of rejection	Rückweisewahrscheinlichkeit
Procedure	1. Verfahren 2. Verfahrensanweisung
Process	Prozess
Process analysis	Prozessanalyse

Process approach	Prozessorientierter Ansatz
Process average	Mittlere Qualitätslage des Prozesses
Process capability	Prozessfähigkeit
Process capability index; C_p.	Prozessfähigkeitsindex; C_p.
Process characteristic	Prozessmerkmal
Processed material See: Product.	
Process in a state of statistical control See: Stable process; Process in a state of statistical control.	
Process inspection	Prozessprüfung
Process management	Prozessmanagement
Process performance	Prozessleistung
Process performance index	Potenzieller Prozessleistungsindex
Process performance ratio; PPR	Prozessleistungsverhältnis; PPR
Process tolerance	Prozesstoleranz
Producer-authorized inspector	Hersteller-Prüfbeauftragter
Producer certificate	Herstellerzertifikat
Producer certificate M	Herstellerzertifikat M
Producer certificate O	Herstellerzertifikat O
Producer inspection certificate	Herstellerprüfzertifikat
Producer inspection certificate M	Herstellerprüfzertifikat M
Producer inspection certificate O	Herstellerprüfzertifikat O
Producer's risk	Lieferantenrisiko
Product	Produkt
Product characteristic	Produktmerkmal
Product configuration information	Produktkonfigurationsangaben
Product related function	Produktbezogene Funktion
Product status See: Identification and traceability.	
Product validation	Produktvalidierung
Proficiency testing See: (Laboratory) proficiency testing.	
Progress evaluation	Fortschrittsbeurteilung
Project	Projekt
Project management	Projektmanagement
Project management plan	Projektmanagementplan
Proof sample See: Reference sample; Proof sample.	
Proportional scale See: Ratio scale; Proportional scale.	
Prototype See: Model (prototype).	

Prototype (model)	Versuchsmuster
Purchaser-authorized inspector	Abnehmer-Prüfbeauftragter
Purchasing information	Beschaffungsangaben
QMS See: Quality management system.	
QMS consultant See: Quality management system consultant.	
Qualification	Qualifikation
Qualification process	Qualifizierungsprozess
Quality	Qualität
Quality assurance	Qualitätssicherung
Quality capability	Qualitätsfähigkeit
Quality capability index	Qualitätsfähigkeitskenngröße
Quality characteristic	Qualitätsmerkmal
Quality circle	Qualitätszirkel
Quality control	Qualitätslenkung
Quality element	Qualitätselement
Quality engineering	Qualitätstechnik
Quality improvement	Qualitätsverbesserung
Quality index	Qualitätskennzahl
Quality inspection	Qualitätprüfung
Quality inspection certificate	Qualitäts-Prüfzertifikat
Quality level	Qualitätslage
Quality management	Qualitätsmanagement
Quality management element	QM-Element
Quality management system	Qualitätsmanagementsystem; QM-System
Quality management system consultant	Berater für Qualitätsmanagementsysteme
Quality management system realization	Qualitätsmanagementsystem-Realisierung
Quality manual	Qualitätsmanagement-Handbuch; QM-Handbuch
Quality objective	Qualitätsziel
Quality plan	Qualitätsmanagementplan; QM-Plan
Quality planning	Qualitätsplanung
Quality policy	Qualitätspolitik
Quality record See: Record.	
Quality-related costs	Qualitätsbezogene Kosten
Quality-related data	Qualitätsdaten
Quantitative characteristic	Quantitatives Merkmal
r See: Repeatability limit; *r*	

R
See: Reproducibility limit; *R*

Random cause; Common cause	Zufällige Ursache; Allgemeine Ursache
Random error of result	Zufällige Ergebnisabweichung
Random sampling	Zufallsprobenahme
Range control chart; *R* chart	Spannweiten-Karte
Range of values for a characteristic	Wertebereich eines Merkmals
Rank	Rangzahl
Ratio scale; Proportional scale	Verhältnisskala

R chart
See: Range control chart; *R* chart.

Receiving inspection	Eingangsprüfung
Reciprocity	Gegenseitigkeit
Recognition; Recognition of conformity assessment results	Anerkennung; Anerkennung der Ergebnisse von Konformitätsbewertungen
Recognition arrangement	Anerkennungsvereinbarung
Record	Aufzeichnung
Reduced inspection	Reduzierte Prüfung
Reducing accreditation	Einschränkung der Akkreditierung
Reference interval $X_{99,865\%} - X_{0,135\%}$	Bezugsbereich $X_{99,865\%} - X_{0,135\%}$

Reference sample; Proof sample	Belegmuster
Reference state	Bezugszustand
Registration	Registrierung
Regrade	Neueinstufung
Reject	Ausschuss
Rejection	Rückweisung
Rejection number	Rückweisezahl
Release	Freigabe
Reliability	Überlebenswahrscheinlichkeit
Reliability (performance)	Funktionsfähigkeit
Repair	Reparatur
Repeatability	Wiederholpräzision
Repeatability conditions	Wiederholbedingungen
Repeatability critical difference	Kritischer Wiederholdifferenzbetrag
Repeatability limit; *r*	Wiederholgrenze; *r*
Repeatability standard deviation	Wiederholstandardabweichung
Repeated inspection	Wiederholungsprüfung
Reproducibility	Vergleichpräzision
Reproducibility conditions	Vergleichbedingungen
Reproducibility critical difference	Kritischer Vergleichdifferenzbetrag
Reproducibility limit; *R*	Vergleichgrenze; *R*

Reproducibility standard deviation	Vergleichstandardabweichung
Requirement	Anforderung
Requirement specification; User specification	Lastenheft
Resource management	Management von Ressourcen
Response variable; y	Messgröße; y
Responsible authority	Zuständige Stelle
Responsible entrepreneurship	Verantwortungsvolles Unternehmertum
Result of determination	Ermittlungsergebnis
Review	Bewertung
Rework	Nacharbeit
Sample	Stichprobe
Sample item	Stichprobeneinheit
Sample size	Stichprobenumfang
Sampling	1. Probenahme 2. Probenahme; Stichprobenentnahme
Sampling for estimation	Vorlauf
Sampling fraction	Auswahlsatz
Sampling inspection	Stichprobenprüfung
Sampling item	Auswahleinheit
Sampling plan	Stichprobenanweisung
Sampling scheme	Stichprobenplan
Sampling system	Stichprobensystem
Sampling with replacement	Probenahme mit Zurücklegen
Sampling without replacement	Probenahme ohne Zurücklegen
Scale	Skala

s-chart
See: Standard deviation control chart;
  s-chart.

Scope of accreditation	Akkreditierungsbereich
Scope of attestation	Geltungsbereich der Bestätigung
Scrap	Verschrottung

Second-party audit
See: Audit.

Second-party conformity assessment activity	Konformitätsbewertung durch eine zweite Seite
Selective inspection	Auswahlprüfung
Selective sampling	Gezielte Probenahme
Self-assessment	Selbstbewertung

Self-inspection
See: Inspection by the operator; Self-inspection.

Sequential acceptance sampling inspection	Sequentielle Stichprobenprüfung
Service See: Product, Note 1.	
Service provision	Dienstleistungserbringung
Shewhart control chart	Shewhart-Qualitätsregelkarte
Short term variation	Kurzzeitstreuung
Significance test See: Statistical test; Significance test.	
Simple random sampling	Ungeschichtete Probenahme
Single acceptance sampling inspection	Einfach-Stichprobenprüfung
Skip-lot acceptance sampling inspection	Skip-lot-Stichprobenprüfung
Social audit	Sozialaudit
Social capital	Sozialkapital
Social impact assessment	Bewertung der sozialen Auswirkungen
Social label	Sozialgütesiegel
Social report	Sozialberichterstattung
Software See: Product, Note 1.	
SPC See: Statistical process control; SPC.	
Special cause	Besondere Ursache
Special process	Spezieller Prozess
Specific case	Spezifische Entität
Specification	Spezifikation
Specification limit	Grenzwert
Specific inspection result	Auftragsbezogenes Prüfergebnis
Specified requirement	Festgelegte Anforderung
Specified tolerance	Festgelegte Toleranz
Stable process; Process in a state of statistical control	Beherrschter Prozess; Stabiler Prozess
Stable process characteristic	Beherrschtes Prozessmerkmal
Stakeholder	Stakeholder
Standard <metrology> See: Traceability.	
Standard deviation control chart; s chart	Standardabweichungskarte
State variable; Z	Zustandsgröße; Z
Statistic	Kenngröße
Statistical method	Statistisches Verfahren
Statistical process control; SPC	Statistische Prozesslenkung; SPC
Statistical process management	Statistisches Prozessmanagement
Statistical test; Significance test	Statistischer Test
Statistics	Statistik

Stratified sampling	Geschichtete Probenahme
Subpopulation	Teilgesamtheit
Subpopulation size See: Population size (or subpopulation size).	
Supervision; Monitoring	Überwachung; Kontrolle
Supplier	1. Anbieter 2. Lieferant
Supplier's declaration	Anbietererklärung
Suspending accreditation	Aussetzung der Akkreditierung
Suspension	Aussetzung
Surveillance	Überwachung
Switching score	Wechselbilanz
System	System
System approach to management	Systemorientierter Managementansatz
Systematic error of result	Systematische Ergebnisabweichung
Systematic sampling	Systematische Probenahme
Target value; Nominal value; T	Sollwert
Technical expert	Sachkundiger
Test	1. Test 2. Prüfung
Testing	Prüfen
Test report	Prüfbericht
Test sample	Messprobe
Third party	Dritte Seite; Dritter
Third-party audit See: Audit.	
Third-party conformity assessment activity	Konformitätsbewertung durch eine dritte Seite
Tightened inspection	Verschärfte Prüfung
Time between failures	Ausfallabstand
Time to failure	Dauer bis zum Ausfall
Time to first failure	Dauer bis zum ersten Ausfall
Tolerance	Toleranz
Tolerance interval	Toleranzbereich
Top management	Oberste Leitung
Total fraction nonconforming; p_T	Gesamtanteil fehlerhafter Einheiten; p_T
Total process variation	Prozessgesamtstreuung
Total quality management; TQM	Umfassendes Qualitätsmanagement
TQM See: Total quality management; TQM.	
Traceability	Rückverfolgbarkeit
Trueness ·	Richtigkeit

True value	Wahrer Wert
Type approval	Bauartzulassung; Typzulassung
Type testing	Bauartprüfung; Typprüfung; Baumuster-prüfung

U
See: Upper specification limit; *U*.

Uncertainty	1. Ergebnisunsicherheit
	2. Messunsicherheit
	3. Unsicherheit
Uncertainty (of measurement)	Messunsicherheit
Uncertainty of result	Ergebnisunsicherheit
Undesirable function	Unerwünschte Funktion
Unilateral arrangement	Unilaterale Vereinbarung
Unnecessary function	Unnötige Funktion
Unrestricted random sampling	Uneingeschränkte Zufallsprobenahme
Upper fraction nonconforming; p_U	Oberer Anteil fehlerhafter Einheiten; p_U
Upper limiting deviation	Obere Grenzabweichung
Upper process capability index	Oberer Prozessfähigkeitsindex
Upper process performance index	Oberer potenzieller Prozessleistungsindex
Upper reference interval	Oberer Bezugsbereich
Upper specification limit; U	Höchstwert; U
User	Nutzer
User related function	Nutzerbezogene Funktion

User specification
See: Requirement specification; User specification.

VA
See: Value analysis; VA.

VA decision maker	WA-Entscheidungsträger
VA job plan	WA-Arbeitsplan
Validation	Validierung
Value	Wert
Value analysis; VA	Wertanalyse; WA
Value culture	Wertkultur
Value engineering; VE	Wertgestaltung
Value management; VM	Value-Management; VM
Value management programme	Value-Management-Programm
Value management study	Value-Management-Studie
Value manager	Value-Manager
Value of index	Kennwert
Value of statistic	Kennwert
VA manager	WA-Manager

VA pre-conditions	WA-Vorbedingungen
VA project	WA-Projekt
VA project leader	WA-Moderator
Variation	Streuung
VA subject	WA-Objekt
VA target	WA-Ziel
VA team	WA-Team

VE
See: Value engineering; VE.

Verification	Verifizierung
Verification of purchased product	Verifizierung von beschafften Produkten
Verification of qualification or competence	Qualifikationsprüfung

VM
See: Value management; VM.

Warning limits	Warngrenzen
Waste	Abfall
Withdrawal	Zurückziehung
Withdrawing accreditation	Zurückziehung der Akkreditierung
Witnessing	Vor-Ort-Beobachtung
Work environment	Arbeitsumgebung
Work instructions	Arbeitsanweisung

X
See: Net state variable; X.

x_C
See: Critical value of the net state variable; x_C.

x_D
See: Minimum detectable value of the net state variable; x_D.

x control chart
See: Individual control chart; x control chart.

$\bar{x}$ chart
See: Average control chart; $\bar{x}$ chart.

y
See: Response variable; y.

y_C
See: Critical value of the response variable; y_C.

Z
See: State variable; Z.

100-%-inspection	100-%-Prüfung

4 Normzeichen

CEN
Europäisches Komitee für Normung (Co-
mité Européen de Normalisation)

DIN
1. Deutsches Institut für Normung e. V.
2. Bestandteil einer Norm-Nummer

DIN EN
Bestandteil einer Norm-Nummer bei Normen, die bei CEN und DIN identisch sind

DIN EN ISO
Bestandteil einer Norm-Nummer bei Normen, die bei ISO, CEN und DIN identisch
sind

DIN ISO
Bestandteil einer Norm-Nummer bei Normen, die bei ISO und DIN identisch sind

DIN V
Bestandteil einer Norm-Nummer bei Vornormen des DIN

DIN V ENV
Bestandteil einer Norm-Nummer bei Europäischen Vornormen

E
Entwurf ... (Bestandteil einer Norm-Nummer)

EN
Europäische Norm (Bestandteil einer
Norm-Nummer)

IEC
1. Internationale Elektrotechnische Kommission
2. Bestandteil einer Norm-Nummer

ISO
1. Internationale Organisation für Normung
2. Bestandteil einer Norm-Nummer

ISO/DIS
Internationaler Norm-Entwurf (die zweite
der drei Entwurfsstufen bei ISO und IEC)

ISO/FDIS
Internationaler Schlussentwurf (die letzte
der drei Entwurfsstufen bei ISO und IEC)

4 Abbreviations relating to standardization

CEN
European Committee for Standardization

DIN
1. German Institute for Standardization
2. Element of an identifier of a Standard

DIN EN
Element of an identifier of identical
CEN and DIN standards

DIN EN ISO
Element of an identifier of identical ISO,
CEN and DIN Standards

DIN ISO
Element of an identifier of identical
ISO and DIN Standards

DIN V
Element of an identifier of a Preliminary
DIN Standard

DIN V ENV
Element of an identifier of a European
Prestandard

E
Draft ... (Element of an identifier)

EN
European Standard (Element of an identifier)

IEC
1. International Electrotechnical Commission
2. Element of an identifier of a standard

ISO
1. International Organization for Standardization
2. Element of an identifier of a standard

ISO/DIS
Draft International Standard (the sec-
ond of the three development stages in
ISO und IEC)

ISO/FDIS
Final Draft International Standard (the
final of the three development stages in
ISO und IEC)

ISO/TR
Technischer Bericht (bei ISO)

Weitere Abkürzungen sind in den Ab-
schnitten 2 und 3 durch Verweise erklärt.

ISO/TR
Technical Report (ISO)

Other abbreviations are explained through
references in clauses 2 and 3.

5   Literaturhinweise

5   Bibliography

DIN 1319-1:1995-01, *Grundlagen der Meß-technik – Teil 1: Grundbegriffe.*

DIN 1319-1:1995-01, *Fundamentals of metrology – Part 1: Basic terminology.*

E DIN 55350-11:2004-03, *Begriffe zu Qua-litätsmanagement und Statistik – Teil 11: Begriffe des Qualitätsmanagements.*

E DIN 55350-11:2004-03, *Concepts for quality management and statistics – Part 11: Concepts of quality management.*

DIN 55350-12:1989-03, *Begriffe der Qualitätssicherung und Statistik – Teil 12: Merkmalsbezogene Begriffe.*

DIN 55350-12:1989-03, *Concepts in the field of quality and statistics; concepts relating to characteristics.*

DIN 55350-13:1987-07, *Begriffe der Qualitätssicherung und Statistik – Teil 13: Begriffe zur Genauigkeit von Ermittlungs-verfahren und Ermittlungsergebnissen.*

DIN 55350-13:1987-07, *Concepts in qual-ity and statistics; concepts relating to the accuracy of methods of determination and of results of determination.*

DIN 55350-14:1985-12, *Begriffe der Qualitätssicherung und Statistik – Teil 14: Begriffe der Probenahme.*

DIN 55350-14:1985-12, *Quality assurance and statistical terminology; concepts relating to sampling.*

DIN 55350-15:1986-02, *Begriffe der Qualitätssicherung und Statistik – Teil 15: Begriffe zu Mustern.*

DIN 55350-15:1986-02, *Concepts of qual-ity management and statistics; concepts of types (models).*

DIN 55350-17:1988-08, *Begriffe der Qualitätssicherung und Statistik – Teil 17: Begriffe der Qualitätsprüfungsarten.*

DIN 55350-17:1988-08, *Concepts in qual-ity and statistics; concepts relating to quality inspection and test.*

DIN 55350-18:1987-07, *Begriffe der Qualitätssicherung und Statistik – Teil 18: Begriffe zu Bescheinigungen über die Ergebnisse von Qualitätprüfungen – Qualitätsprüf-Zertifikate.*

DIN 55350-18:1987-07, *Concepts in qual-ity and statistics; concepts relating to cer-tificates on results of quality inspections; quality inspection certificates.*

DIN 55350-23:1983-04, *Begriffe der Qualitätssicherung und Statistik – Teil 23: Begriffe der Statistik – Beschreibende Statistik.*

DIN 55350-23:1983-04, *Quality assurance and statistical terminology; statistical terminology; descriptive statistics.*

DIN 55350-31:1984-12, *Begriffe der Quali-tätssicherung und Statistik – Teil 31: Be-griffe der Annahmestichprobenprüfung.*

DIN 55350-31:1984-12, *Concepts of qual-ity management and statistics; concepts of acceptance sampling inspection.*

DIN 55350-33:1993-09, *Begriffe zu Qua-litätsmanagement und Statistik – Teil 33: Begriffe der statistischen Prozesslenkung (SPC).*

DIN 55350-33:1993-09, *Concepts to qual-ity management and statistics; concepts of statistical process control (SPC).*

DIN V 55391:2003-06, *Vereinbarungen für die Anerkennung und die Übernahme von Ergebnissen der Konformitätsbewertung.*

DIN V 55391:2003-06, *Arrangements for the recognition and acceptance of con-formity assessment results.*

DIN EN 1325-1:1996:11, *Value Manage-ment, Wertanalyse, Funktionenanalyse Wörterbuch – Teil 1: Wertanalyse und Funktionenanalyse.*

EN 1325-1:1996-09, *Value Management, Value Analysis, Functional Analysis vocabulary – Part 1: Value Analysis and Functional Analysis.*

DIN EN 1325-2:2004-11, *Value Management, Wertanalyse, Funktionenanalyse
Wörterbuch – Teil 2: Value Management.*

EN 1325-2:2004-09, *Value Management,
Value Analysis, Functional Analysis vocabulary – Part 2: Value Management.*

DIN EN 12973:2002-02, *Value Management.*

EN 12973:2000-04, *Value Management.*

DIN V ENV 13005:1999-06, *Leitfaden zur
Angabe der Unsicherheit beim Messen.*

ENV 13005:1999-05, *Guide to the expression of uncertainty in measurement.*

DIN EN 45011:1998-03, *Allgemeine Anforderungen an Stellen, die Produktzertifizie-
rungssysteme betreiben.*

EN 45011:1998-02, *General requirements
for bodies operating product certification
systems.*

DIN EN 45012:1998-03, *Allgemeine
Anforderungen an Stellen, die Qualitätsmanagementsysteme begutachten und
zertifizieren.*

EN 45012:1998-02, *General requirements
for bodies operating assessment and cer-
tification/registration of quality systems.*

DIN EN 45020:1998-07, *Allgemeine
Fachausdrücke und deren Definitionen
betreffend Normung und damit zusam-
menhängende Tätigkeiten.*

EN 45020:1998-02, *Standardization and
related activities – General vocabulary.*

DIN EN ISO 9000:2005, *Qualitätsmanagementsysteme – Grundlagen und
Begriffe.*

ISO 9000:2005, *Quality management systems – Fundamentals and vocabulary.*

DIN EN ISO 9001:2000-12, *Qualitätsmanagementsysteme – Anforderungen.*

ISO 9001:2000-12, *Quality Management
Systems – Requirements.*

DIN EN ISO 9004:2000-12, *Qualitätsmanagementsysteme – Leitfaden zur
Leistungsverbesserung.*

ISO 9004:2000-12, *Quality Management
Systems – Guidance for performance
improvements.*

DIN EN ISO 10012:2004-03, *Messmanage-
mentsysteme – Anforderungen an Mess-
prozesse und Messmittel.*

ISO 10012:2003-04, *Measurement
management systems – Requirements for
measurement processes and measuring
equipment.*

DIN EN ISO/IEC 17000:2005-03, *Konformitätsbewertung – Begriffe und allgemeine Grundlagen.*

ISO/IEC 17000:2004-11, *Conformity
assessment – Vocabulary and general
principles.*

DIN EN ISO/IEC 17011:2005-02, *Konformitätsbewertung – Allgemeine Anforderungen an Akkreditierungsstellen, die Konformitätsbewertungsstellen akkreditieren.*

ISO/IEC 17011:2004-09, *Conformity
assessment – General requirements for
accreditation bodies accrediting conformity assessment bodies.*

DIN EN ISO/IEC 17024:2003-10, *Konformitätsbewertung – Allgemeine Anforderungen an Stellen, die Personen zertifizieren.*

ISO/IEC 17024:2003-03, *Conformity assessment – General requirements for bodies operating certification of persons.*

DIN EN ISO/IEC 17040:2005-04, *Konformitätsbewertung – Allgemeine Anforderungen an die Begutachtung unter gleichrangigen Konformitätsbewertungsstellen
und Akkreditierungsstellen.*

ISO/IEC 17040:2005-01, *Conformity assessment – General requirements for peer
assessment of conformity assessment
bodies and accreditation bodies.*

DIN ISO 2859-1:2004-01, *Annahmestichprobenprüfung anhand der Anzahl fehlerhafter Einheiten oder Fehler (Attributprüfung) – Teil 1: Nach der annehmbaren Qualitätsgrenzlage (AQL) geordnete Stichprobenpläne für die Prüfung einer Serie von Losen.*

ISO 2859-1:1999-11, *Sampling procedures for inspection by attributes – Part 1: Sampling schemes indexed by acceptance quality limit (AQL) for lot-by-lot inspection.*

DIN ISO 5725-1:1997-11, *Genauigkeit (Richtigkeit und Präzision) von Messverfahren und Messergebnissen – Teil 1: Allgemeine Grundlagen und Begriffe.*

ISO 5725-1:1994, *Accuracy (trueness and precision) of measurment methods and results – Part 1: General principles and definitions.*

ISO/DIS 3534-1:2004-07, *Statistik – Begriffe und Formelzeichen – Teil 1: Wahrscheinlichkeit und allgemeine statistische Begriffe.*

ISO/DIS 3534-1:2004-07, *Statistics – Vocabulary and symbols – Part 1: Probability and general statistical terms.*

ISO/DIS 3534-2:2004-06, *Statistik – Begriffe und Formelzeichen – Teil 2: Angewandte Statistik.*

ISO/DIS 3534-2:2004-06, *Statistics – Vocabulary and symbols – Part 2: Applied statistics.*

DIN ISO 10002:2005-04, *Qualitätsmanagement – Kundenzufriedenheit – Leitfaden für die Behandlung von Reklamationen in Organisationen.*

ISO 10002:2004-07, *Quality management – Customer satisfaction – Guidelines for complaints handling in organizations.*

ISO 10005:2005-06, *Qualitätsmanagementsysteme – Leitfaden für Qualitätsmanagementpläne.*

ISO 10005:2005-06, *Quality management systems – Guidelines for quality plans.*

DIN ISO 10007:2004-12, *Qualitätsmanagement – Leitfaden für Konfigurationsmanagement.*

ISO 10007:2003-06, *Quality management systems – Guidelines for configuration management.*

ISO 10019:2005-01, *Leitfaden für die Auswahl von Beratern zum Qualitätsmanagmentsystem und für den Einsatz ihrer Dienstleistungen.*

ISO 10019:2005-01, *Guidelines for the selection of quality management system consultants and use of their services.*

DIN ISO 11843-1:2004-09, *Erkennungsfähigkeit – Teil 1: Begriffe.*

ISO 11843-1:1997-06, *Capability of detection – Part 1: Terms and definitions.*

E DIN ISO 21747:2004-09, *Prozessleistungs- und Prozessfähigkeitskenngrößen.*

ISO/DIS 21747:2003-08, *Process performance and capability statistics.*

DIN-Fachbericht ISO 10006:2004-01, *Qualitätsmanagementsysteme – Leitfaden für Qualitätsmanagement in Projekten.*

ISO 10006:2003-06, *Quality management systems – Guidelines for quality management in projects.*

ISO/TR 10013:2001-07, *Leitfaden für die Dokumentation des Qualitätsmanagementsystems.*

ISO/TR 10013:2001-07, *Guidelines for quality management system documentation.*

ISO/TR 10014:1998-07, *Leitfaden zur Handhabung der Wirtschaftlichkeit im Qualitätsmanagement.*

ISO/TR 10014:1998-07, *Guidelines for managing the economics of quality.*

Internationales Elektrotechnisches Wörterbuch, Kapitel 191: Zuverlässigkeit und Dienstgüte:1995

Grünbuch – Europäische Rahmenbedingungen für die soziale Verantwortung der Unternehmen: KOM (2001) 366 endgültig (vorgelegt von der Kommission der Europäischen Gemeinschaften).
Kurzbezeichnung: Grünbuch CSR

Moral macht erfolgreich, Michael Garmer, Beuth Verlag, 2003

Orientierung in Identität – Philosophische Grundlagen des Unternehmens, Klaus Graebig, Beuth Verlag, 2004

Loseblattwerk „Qualitätsmanagement – Statistik – Umweltmanagement", Klaus Graebig, Beuth Verlag

International Electrotechnical Vocabulary, Chapter 191: Dependability and quality of service:1990 (IEC 50 (191))

Commission of the European Communities, 2001, *Green Paper promoting a European framework for Corporate Social Responsibility.*
Green Paper CSR

Moral macht erfolgreich, Michael Garmer, Beuth Verlag, 2003

Orientierung in Identität – Philosophische Grundlagen des Unternehmens, Klaus Graebig, Beuth Verlag, 2004

Loseblattwerk „Qualitätsmanagement – Statistik – Umweltmanagement", Klaus Graebig, Beuth Verlag